DES COMÉDIENS,

ET

DU CLERGÉ;

SUIVI DE RÉFLEXIONS SUR LE MANDEMENT DE
MONSEIGNEUR L'ARCHEVÊQUE DE ROUEN.

PAR LE BARON D'HÉNIN DE CUVILLERS,

Maréchal-de-camp; Chevalier de l'Ordre royal et militaire de
Saint-Louis, Officier de l'Ordre royal de la Légion-d'honneur; Membre de plusieurs Sociétés savantes, etc.

A PARIS,

CHEZ
- P. DUPONT, libraire, rue du Bouloy, n° 24.
- DELAUNAY, libraire, Palais-Royal, galerie de bois,
- Et les marchands de nouveautés.

1825.

DÉDICACE

A MM. de l'Académie royale de musique;

MM. les Comédiens ordinaires du Roi;

Et MM. de l'Opéra-Comique, etc., etc.

MESSIEURS,

Un préjugé détestable, et réprouvé par tous les hommes de bien, jette de la défaveur sur une *profession* que notre législation et l'autorité de nos rois n'ont cessé de protéger et d'honorer; je crois satisfaire au vœu du public en fournissant, sur cette matière, tout ce que les lois civiles et ecclésiastiques ont de plus prépondérant pour fixer le jugement des hommes.

Je désire de tout mon cœur avoir

atteint le but que je me suis proposé, et vous prie de croire aux sentiments d'estime et d'affection que vos talents inspirent à tout ami des sciences et des arts, et avec lesquels

J'ai l'honneur d'être,

Messieurs,

Votre très-humble et très-obéissant serviteur.

Le baron d'Hénin de Cuvillers.

Paris le 30 avril 1825.

DES COMÉDIENS ET DU CLERGÉ.

L'existence des Comédiens doit être considérée sous trois périodes différentes, pour en raisonner avec connaissance de cause, et décider avec justice des canons qui ont été fulminés à leur égard.

La première époque concerne l'état des Comédiens dans l'antiquité. *Thespis*, poète d'Athènes, qui vivait l'an 536 avant J.-C., fut l'inventeur de la tragédie chez les Grecs; il allait de ville en ville, et ses Comédiens représentaient ses pièces grossières, montés sur des charrettes, et le visage barbouillé de lie; ils ne disaient que des injures ou divertissaient les spectateurs par des railleries ridicules, ou quelques chansons obscures. *Eschyle*, guerrier et poète d'Athènes, qui s'était trouvé aux batailles de Marathon, de Platée et de Salamine, composa 90 tragédies, dont 40 furent couronnées. Il introduisit le goût sur la scène, donna à ses Comédiens des costumes convenables à leurs rôles, leur chaussa le brodequin et les fit monter sur un théâtre; au lieu de char ou de charrette. Ce poète buvait avec excès et ne travaillait que dans l'ivresse. Il fut condamné à mort pour avoir inséré des vers impies dans une de ses pièces; mais son frère obtint sa grace, en montrant aux juges les blessures qu'il avait reçues à la bataille de Salamine. Il mourut l'an 456 avant J.-C. Il fut le maître et l'ami de Sophocle, digne rival d'Euripide

Les Comédiens, chez les Grecs, et surtout à Athènes, rendirent leur profession recommandable, et s'attirèrent l'estime de leurs concitoyens au point d'être souvent chargés d'ambassades et de négociations importantes, comme les citoyens les plus considérables de la république. Aristodême fut nommé l'un des dix ambassadeurs d'Athènes pour conclure la paix avec Philippe, roi de Macédoine. *Philip. de Démosth. remarq. de Tourreil.*

Les Grecs étaient fort sensibles au plaisir de l'esprit dont celui du théâtre fait d'ordinaire le charme le plus décevant. Ils étaient si fort prévenus en faveur de tous les talents qui mettent de l'agrément dans la société, que leurs rois ne dédaignaient pas de choisir des ministres parmi les Comédiens.

In scenam vero prodire et populo esse spectaculo nemini in iisdem gentibus turpitudini, quæ omnia apud nos partim infamia, partim humilia, partim ab honestate remota ponuntur. Quintil. orat.

J'ai vu, dit Montaigne, en parlant des exercices du théâtre, nos princes s'y adonner, et représenter eux-mêmes, en personne, à l'exemple de quelques anciens. Dans l'ancienne Grèce, dit-il, les Comédiens n'étaient nullement méprisés. *Aristoni tragico aperit; huic et genus et fortuna honesta erant; nec ars, quia nihil tale apud Græcos pudori est, ea deformabat.* Tit.-Liv. Déc. 3.

Le théâtre était aussi, pour les peuples de la Grèce, un objet tellement important, qu'il se liait essentiellement au culte des dieux, et, dans les cérémonies religieuses, les Comédiens représentaient souvent les divinités, et les imitaient et du geste et de la voix.

Mais si, dans la Grèce, les Comédiens furent honorés, il n'en fut pas de même à Rome, où la comédie ne s'introduisit que long-temps après, c'est-à-dire, vers l'an 240 avant J.-C. Les Comédiens y furent méprisés, quoique les Romains fissent, à l'instar des Grecs, servir la comédie aux fêtes sacrées et qu'ils l'employassent, au rapport de Tite-Live, comme un moyen propre à apaiser la colère des dieux. *Ludi scenici inter alia cœlestis iræ placamina instituti dicuntur.* Leurs premiers poètes comiques furent, Livius Andronicus, Naconis et Ennius, qui étaient à la fois auteurs et acteurs. A Ennius succédèrent Plaute et Cécilius, qui, de même que Térence, prirent leurs comédies du théâtre des Grecs; après eux parut Afranius qui devint célèbre par ses comédies sous le règne d'Auguste. Si la profession d'auteur conduisait alors à la célébrité, celle d'acteur tomba, comme je l'ai dit plus haut, dans l'abjection et le mépris; car les Comédiens à Rome n'avaient pas, non-seulement rang parmi les citoyens, mais encore, si quelque Romain s'avisait de monter sur le théâtre, il était sur-le-champ chassé de sa tribu et privé du droit de suffrage par les censeurs. C'est ce que dit expressément Scipion dans Cicéron, cité par St. Augustin, liv. II de la cité de Dieu, chap. XIII. *Cum artem ludicram scenamque totam probo ducerent, genus id hominum, non modo honore reliquorum civium, sed etiam tribu moveri notatione censoria voluerunt.*

Il était encore défendu par les lois Romaines à un sénateur d'épouser une affranchie; aux fils et aux petits-fils de sénateurs, d'épouser des Comédiennes, ou des filles de comédiennes, et il était pareillement défendu aux filles et petites-filles d'un sénateur de prendre alliance avec des Comédiens. Tibère ordonna qu'aucun sénateur ne les pourrait visiter chez eux, et qu'un chevalier Romain ne pourrait les accompagner dans la rue. La première peine, dit Ménochius, dont les histrions sont punis par les lois des empereurs, est la note d'infamie, par laquelle ils sont exclus des dignités, comme l'enseigne entre autres Lucas de Penna; ajoutant que, parmi ces histrions notés d'infamie, sont compris ceux qui montent sur le théâtre, et y récitent des comédies, encore qu'ils ne fassent point de farces.

Chez les anciens la profession de

jouer des tragédies et celle de jouer des comédies étaient deux professions distinctes. Il était rare que le même homme se mêlât de toutes deux. Platon, après avoir rapporté que les poètes qui voulaient composer des tragédies et des comédies n'y réussissaient pas également, ajoute que le genre tragique et le genre comique demandent chacun un tour particulier d'esprit, et il déclare même que les acteurs qui déclamaient les tragédies n'étaient pas les mêmes que ceux qui débitaient les comédies.

Quintilien dit qu'Esopus déclamait beaucoup plus gravement que Roscius; parce que le premier faisait profession de jouer dans le tragique, au lieu que celle de l'autre était de jouer dans le comique. Chacun avait contracté les manières de la scène à laquelle il s'était particulièrement attaché. *Roscius citatior, Esopus gravior fuit, quod hic tragœdias, ille comœdias egit.* C'est le caractère qu'Horace leur avait déjà donné,

« Quæ gravis Esopus, quæ doctus Roscius egit. »

Horace parle d'un acteur qui jouait le second rôle en imitant le premier acteur, et qui se rabaissait exprès pour servir de lustre à l'acteur principal; et on n'a pu, chez les modernes, se rendre raison de la manière dont jouaient ces seconds acteurs.

Les acteurs de la tragédie paraissaient élevés sur des souliers fort hauts et magnifiques, mais fort embarrassants, et les acteurs de la comédie avec des souliers bas; les uns et les autres étaient masqués, mais les premiers pleins de gravité et les derniers affectant de faire rire les spectateurs.

Les Comédiens qui n'étaient plus en état de paraître en public se retiraient pour mener une vie privée, après avoir suspendu leurs masques au temple de Bacchus.

Voici un article historique sur les Comédiens qui, chez les Grecs et les Romains, ont obtenu le plus de célébrité :

« *Archelaüs*, Comédien Grec; c'est le premier acteur dont nous ayons quelque connaissance. Lucien nous en a conservé la mémoire, en nous rapportant les étranges effets qu'il produisit à Abdère, lorsqu'il y joua le rôle de Persée, dans l'Andromède d'Euripide, où tous ceux qui l'avaient vu représenter étaient animés, jusqu'à en devenir malades, des mêmes fureurs dont ils l'avaient vu possédé.

« *Satyrus*, acteur grec, connu par rapport à Démosthènes dont nous rapporterons ce trait d'histoire. Cet orateur ayant été rebuté dans quelques harangues et quelques causes qu'il plaidait devant le peuple, comme il se retirait chez lui, la tête couverte, tout confus et accablé de tristesse, le Comédien Satyrus, qui était de ses amis, le suivit. Démosthènes se plaignant à lui de ce que, quoiqu'il prît plus de peine que les autres orateurs, et qu'il eût presque consumé ses forces dans l'étude, il était cependant assez malheureux pour ne pouvoir se rendre agréable au peuple, au lieu que des ivrognes et des mariniers ignorants et grossiers, étaient écoutés de ce même peuple. Vous avez raison, lui dit Satyrus; mais ne vous rebutez point, prenez courage, je remédierai bientôt à votre chagrin, si vous voulez prononcer en ma présence quelques vers d'Euripide et de Sophocle. Démosthènes suivit son avis; en ayant donc prononcé quelques-uns qui se présentèrent à sa mémoire, Satyrus les répétant après lui, leur donna une toute autre grace, en les prononçant avec une telle justesse de voix, de geste et de mouvement, que Démosthènes même les trouva bien différens dans la bouche de ce Comédien, et reconnut par là que, pour plaire, il fallait non-seulement bien parler, mais encore bien prononcer. C'est pourquoi il fit faire un cabinet souterrain où il descendait tous les jours pour régler son geste et former sa voix; et souvent il demeurait deux ou trois mois entiers dans sa maison, sans sortir, se faisant, de dessein formé, raser la moitié de la tête, afin que la honte de paraître dans cet état l'empêchât de sortir, quand même il en aurait envie. On dit encore de lui qu'il montait quelquefois sur une montagne, et que là, il parlait à haute voix, ayant quelques cailloux dans la bouche, afin que sa langue, faisant des efforts pour bien prononcer, étant embarrassée par ces cailloux, il parlât avec plus de liberté et eût la prononciation meilleure, quand il parlerait en public.

« *Néoptoléme*, célèbre Comédien grec, était favori de Philippe de Macédoine, père du grand Alexandre, qui avait une forte passion pour le théâtre. *Tourreil. Philipp. de Démosth. Pref. p.* 70.

« *Aristodéme*, Comédien Grec, fut souvent envoyé par les Athéniens en ambassade, vers Philippe, pour les affaires de la paix et de la guerre. Les Comédiens étaient en si grande considération chez ces peuples, qu'ils avaient des droits et des priviléges, qu'on accordait rarement aux autres citoyens.

« *Démétrius*, Comédien célèbre, selon Quintilien; il avait un son de voix fort agréable, et s'était attaché à jouer les rôles des divinités, des femmes de dignité, des pères indulgents et amoureux.

« *Stratocles*, célèbre Comédien, contemporain de Démétrius; il avait une voix aigre et s'était livré à jouer les personnages des pères austères, des parasites, des valets fripons et tous les caractères qui demandent beaucoup d'action. Son geste était vif, ses mouvements pressés, et il hasardait beaucoup de choses capables de faire siffler un autre que lui, comme le rire outré, etc. On en voit encore, de nos jours, que le public gâte par des applaudissements à contre-temps et qui, par trop de confiance, hasardent des choses aussi ridicules que peu sensées.

« *Cithéride*, Comédienne : Marc-Antoine en fit sa maîtresse, ce qui porta Fulvie, sa femme pour s'en venger, à se faire aimer d'Auguste et à l'exciter à la guerre contre son mari. M. de Fontenelle parle ainsi de cet empereur, dans ses dialogues des morts :

« Parce qu'Antoine est charmé de Glaphire, (1)
Fulvie, à ses beaux yeux, me veut assujétir,
Antoine est infidèle : Hé bien, donc ! Est-ce à dire
Que des fautes d'Antoine on me fera pâtir ?
　Quoi ! moi ! que je serve Fulvie !
　Suffit-il qu'elle en ait envie ?
A ce compte, on verrait se retirer vers moi
　Mille épouses mal satisfaites.
Aimez-moi, me dit-elle ; ou combattons. Mais quoi ?
Elle est bien laide... Allons, sonnez trompettes.

«*Clodius Esopus*, comédien célèbre fleurissait au septième siècle de Rome, vers l'an 84 avant notre époque.

---

(1) C'est ainsi qu'il appelle Cithéride.

« Cet acteur et Roscius, ont été les meilleurs sujets qu'on ait vus parmi les anciens Romains; Ésope, pour le tragique et l'autre pour le comique. Cicéron se mit sous leur discipline pour se perfectionner dans l'action.

« Ésope faisait des dépenses prodigieuses, dit M. Bayle; on a fort parlé d'un repas où il servit un plat qui coûtait 10,000 liv. (1) Ce plat ne fut rempli que d'oiseaux qui avaient appris à parler ou à chanter et qui coûtaient chacun 600 liv. Le fils d'Ésope ne donna pas moins dans le luxe que son père. Il ne se contentait pas de faire servir à ses conviés les oiseaux qui coûtaient le plus, comme ceux que l'on instruit à chanter, il leur donnait aussi à avaler des perles dis-

---

(1) Plin. l. 10. c. 51. édit. du P. Hardouin.

soutes ; quelques-uns parlent de cela, continue M. Bayle, comme s'il en eût fait métier et coutume ; mais d'autres insinuent qu'il ne fit avaler des perles qu'une seule fois. Horace ne parle que d'une perle d'un grand prix que le fils d'Ésope avala, dissoute dans du vinaigre.

« Ésope (1), malgré ses grandes dépenses, mourut riche de près de cinq millions qu'il avait amassés à jouer la comédie. On dit qu'il se passionnait de telle sorte, sur le théâtre, et qu'il se remplissait si étrangement de son sujet qu'il en devenait extatique. Il tua un jour un homme pendant ses transports, dans le personnage d'Agamemnon qui délibérait de la mort de Thieste. Cicé-

---

(1) Macrob. Saturn. l. 2. c. 10.

ron (1), nous apprend une aventure assez singulière d'Ésope; il dit qu'étant déjà tout usé et voulant paraître aux jeux magnifiques que Pompée donna au peuple, en dédiant son théâtre, il ennuya tous les spectateurs et manqua tout-à-fait de voix, lorsqu'il récita l'endroit du serment où l'on exprimait les peines que l'on voulait bien subir, si l'on jurait avec fraude.

« *Décius Labérius*, chevalier romain; Comédien et poète mimique, mort à Pouzzol, l'an 44 avant notre époque.

« Labérius, après s'être exercé longtemps à composer ces sortes de pièces du théâtre ou farces qu'on appelait *mimi*, à quoi il réussissait par le penchant qu'il avait à la médisance et à la

---

(1) Epist. 1 lib. 7. ad famil.

raillerie, se laissa persuader à l'âge de 60 ans, par les sollicitations et les libéralités de César de monter sur le théâtre, pour être lui-même l'acteur de ces pièces : il y censura vivement César ; ce qui fit croître la faveur de Publius-Syrus, son concurrent dans la même profession, à qui l'empereur donna la préférence ; mais pour consoler, en quelque façon, notre Labérius, il lui donna un anneau d'or et une somme d'argent. On raconte qu'une fois Labérius, en descendant du théâtre, voulut aller prendre place parmi les chevaliers ; mais il ne s'en trouva aucun qui lui en voulut faire, chacun jugeant qu'il s'était rendu indigne de ce rang. *Eusèbe. Macrob. l. 2.*

« *Roscius*, Comédien romain, vers l'an 50 avant notre époque.

« Ce fameux acteur florissait à Rome du temps de Jules-César, qui avait une forte passion pour le théâtre, et dont il était le favori. Selon Festus, il introduisit le premier à Rome l'usage de se servir d'un masque sur le théâtre, parce qu'il était louche et fort laid; le peuple cependant se plaisait à l'entendre à visage découvert, à cause de la douceur charmante de sa voix.

« C'était dans le comique qu'il s'exerçait. Cicéron en faisait beaucoup de cas. Il le défendit en jugement par l'oraison intitulée *pour Roscius, comédien*. Il dit en parlant de lui, qu'il était si habile dans son art, qu'il n'y avait que lui seul qui fût digne de monter sur le théâtre, et qu'il était, en même temps si homme de bien, qu'il n'y avait que lui qui n'y dût point monter. *Roscius cùm artifex ejus modi sit, ut solus dignus videatur esse qui in scena spectetur;*

tum vir ejus modi est, ut solus videatur dignus qui eo non accedat. Ce qui revient à ce qu'il dit ailleurs, que les plus considérables de Rome, qui estimaient Roscius en conversation particulière, ne le pouvaient estimer quand il jouait sur le théâtre. *Nostri senes personatum ne Roscium quidem magnopere laudabant.*

« Nous apprenons de Macrobe que Roscius touchait près de 900 livres par jour des deniers publics, et que cette somme était pour lui seul, n'en partageant rien avec sa troupe. L'oraison que Cicéron prononça pour lui confirma le récit de Macrobe. Le principal incident du procès qu'avait Roscius, roulait sur un esclave qu'on prétendait que Fannius lui avait remis, afin qu'il lui enseignât à jouer la comédie, après quoi Roscius et Fannius devaient vendre cet esclave, pour en partager le prix. Cicéron ne tombe pas d'accord de cette société, et il prétend que Panurgus (c'est le nom de l'esclave), devait être censé appartenir en entier à Roscius qui l'avait instruit, parce que la valeur du Comédien excédait de bien loin la valeur de l'esclave. La personne de Panurgus, ajoute Cicéron, ne vaut pas trente pistoles, mais l'esclave de Roscius vaut vingt mille écus. Quand l'esclave de Fannius n'aurait pas pu gagner dix-huit sous par jour, le Comédien instruit par Roscius pouvait gagner dix-huit pistoles. Croiriez-vous, dit Cicéron dans un autre endroit, qu'un homme aussi désintéressé que Roscius veuille s'approprier, aux dépens de son honneur, un esclave de trente pistoles, lui qui, depuis dix ans, nous joue la comédie pour rien, et qui, par cette générosité, a manqué de gagner 1,500,000 livres.

Je n'apprécie pas trop, ajoute Cicéron, le salaire que Roscius aurait reçu, du moins lui aurait-on donné ce qu'on donne à Dyonisia.

« M. l'abbé Dubos avertit qu'en évaluant la monnaie romaine, il n'a pas suivi le calcul de Budée. *Réflexions sur la poésie et la peinture.*

« Il y a cependant contradiction dans cet article ; car, si Roscius touchait, selon Macrobe, des deniers publics, 900 liv. par jour, il ne jouait donc pas la comédie pour rien, à moins que ce ne fût depuis dix ans.

« Roscius le contemporain et l'ami de Cicéron, dit M. l'abbé Dubos, était devenu un homme de considération par ses talents et par sa probité. On était si prévenu en sa faveur que, lorsqu'il jouait moins bien qu'à l'ordinaire, on disait qu'il se négligeait, ou que, par un accident auquel les bons acteurs sont souvent sujets, il avait fait une mauvaise digestion. *Noluit, inquiunt, agere Roscius aut crudior fuit.* (Cicer. de Or. lib. 3.) Enfin la plus grande louange qu'on donnait aux hommes qui excellaient dans leur art, c'était de dire qu'ils étaient des Roscius dans leur genre. *Jamdiu consecutus est ut in quo quisquis artificis excelleret, is, in suo genere, Roscius diceretur.* (De Or. l. 1.)

« *Dyonisia*, fameuse comédienne, florissait à Rome du temps de Roscius. Nous voyons, par l'oraison de Cicéron pour Roscius, que la république romaine donnait cinquante mille écus par an à cette fameuse actrice, pour jouer la comédie.

« *Bathylle*, fameux pantomime, natif d'Alexandrie. Il vint à Rome pendant le règne de l'empereur Auguste et fut affranchi de Mécénas. Il introduisit, avec Pylades, une nouvelle manière de danse, où l'on représentait, par des postures étudiées et par des gestes ingénieux, toutes sortes de sujets tragiques, comiques et satiriques. Ils firent une troupe à part et ne voulurent point se mêler avec les autres comédiens; de sorte qu'ils jouaient seuls leurs comédies muettes sur l'orchestre, sans autres acteurs que des pantomimes. Pylades excellait dans la représentation des sujets tragiques et majestueux; mais Bathylle réussissait incomparablement mieux dans les sujets comiques ou satiriques. Cela leur donna occasion de se séparer et de faire deux troupes. (Lucian. *de saltatione*; etc. Athen., lib. 1. Plutarc., lib. 7.)

« *Pylades*, natif de Cilicie, le plus célèbre pantomime de son temps, parut à Rome sous l'empereur Auguste, et il inventa une sorte de danse composée de sujets tragiques, comiques et satiriques, dans laquelle il représentait par des gestes ingénieux, tout ce que le discours aurait exprimé. Il fit une troupe à part, comme on vient de le dire, sans se mêler dans les tragédies et les comédies ordinaires, et se fit admirer du peuple, par l'artifice de ses comédies muettes, dont les acteurs ne parlaient que par les divers mouvements du corps, des doigts et des yeux. Bathylle exerça avec lui le même art, ainsi qu'on l'a dit, mais il n'excellait que dans les sujets comiques ou satiriques; et Pylades réussissait beaucoup mieux dans les sujets tragiques, graves et sérieux; c'est pourquoi ils firent deux bandes. C'est Pylades qui disputa contre Hyllus, son disciple, en présence du peuple romain, pour savoir qui des deux jouerait mieux le personnage d'Agamemnon. Hyllus, pour le représenter grand, s'éleva sur ses pieds; Pylades, au contraire, le fit rêveur; insinuant par là que le principal devoir d'un grand prince était de penser au bien de ses sujets. Pylades dit alors à son disciple : *Tu le fais long et non pas grand.*

« Ce Pylades est le même comédien que César fit fouetter pour avoir montré un homme au doigt de dessus le théâtre; car montrer un homme au doigt était une action malhonnête et passait chez les Romains pour une grande injure. « *Accusatorem qui digito dixerit, hic est.* (Juven. Sat. 1.)

Un jour que le peuple criait contre ce fameux danseur, de ce qu'en dansant le personnage d'Hercule furieux, il avait fait quelques démarches indécentes et déréglées, il leva son masque et cria tout haut aux spectateurs : *Sots que vous êtes ; je représente un furieux ;* ensuite il continua sa danse.

« *Datus.* Ce comédien fit une chose qui paraîtra aussi singulière que hardie ; Néron avait emprisonné son père et fait noyer sa mère. Dans une satire qu'il chanta à la fin d'une pièce, disant : *Adieu, mon père ; adieu, ma mère ;* le comédien représentait, par ses gestes, une personne qui boit dans l'eau et qui se noie, et, en ajoutant, sur la fin, *Pluton vous tire par les pieds*, il représentait, par ses gestes, le sénat que Néron avait menacé d'exterminer.

« *Paris*, égyptien, affranchi de Domitia, était bateleur. Il fut en grande considération à la cour de Néron (1). Suétone, *in Ner. et Domit.*, dit que

---

(1) Tacite l. 13 Ann.

Domitien le fit mourir et répudia sa femme, à cause de son commerce avec le comédien Paris, et de ses impudicités publiques.

« Pline le jeune écrivit trois livres, pour justifier, en plein sénat, le fils d'Helvidius, condamné à mort par Domitien et faussement accusé par un insigne flatteur nommé Publius Cestus, préfet du trésor public; disant que, dans la préface d'une tragédie de sa composition, il avait désigné l'empereur sous le nom de Paris et d'Ænone, à cause de son divorce avec sa femme Domitia Longina, à l'occasion du comédien Paris.

« M. Baillet, en parlant de Juvénal, dit que, nonobstant l'aigreur de ses satires, il ne laissait pas d'être fort bien venu à Rome, mais qu'ayant piqué trop vivement, dans ses vers, un fameux tabarin, nommé Paris, qui était fort au gré de Néron, il tomba dans la disgrâce de l'empereur, qui, sous prétexte de le récompenser, l'envoya en Égypte, sur la fin de ses jours, dans un honorable bannissement. Voici l'épitaphe de Paris, qu'on trouve dans *Martial* au XI l. Ep. 14.

EPITAPHIUM PARIDIS PANTOMIMI.

Quisquis flaminiam teris viator,
Noli nobile præterire marmor.
Urbis deliciæ, salisque Nili,
Ars, et gratia, et lusus, et voluptas,
Romani decus et dolor theatri,
Atque omnes veneres, cupidinesque,
Hoc sunt condita, quo (1) Paris, sepulchro.

Apelles, (Suet. Vit. Calig.) acteur tragique, qui vivait sous le règne de Caligula, fut tellement dévoué à ce prince, même après s'être fait comé-

---

(1) Histrio nobilis quem interfici jussit Domitianus, quod eum deperiret Domitia Augusta. *Sueton. Caput* 3 *Domit.*

dien, qu'il le mit au nombre de ses conseillers; mais un jour Caligula, montrant une statue de Jupiter, lui demanda quel était le plus grand de ce dieu ou de lui, qui se faisait passer pour tel: Apelles hésitant sur ce qu'il avait à répondre, Caligula le fit fouetter cruellement. Philon dit qu'il le fit mettre aux fers, et ordonna qu'on le fit tourner sur une roue.

Favo, le bateleur, était noble romain; il représenta Vespasien à ses funérailles, et le contrefit, selon la coutume de ces temps-là, en imitant ses paroles, ses gestes, ses mœurs et ses inclinations. Il vivait l'an 81 de notre époque.

Il portait la figure qui représentait l'empereur, et s'acquitta très bien de cette imitation; car ayant demandé aux maîtres des cérémonies combien coûterait la dépense de cette pompe funèbre, sur la réponse qu'on lui fit qu'elle monterait à cent mille sesterces, il s'écria : Qu'on me donne cette somme et qu'on me jette, si on veut, dans le Tibre ; marquant par ces paroles l'avarice naturelle de Vespasien, qu'il représentait. *Suéton.*

Athanatus, bateleur, homme d'une force prodigieuse, qui se promenait à Rome, sur un théâtre, revêtu d'une cuirasse de plomb pesant cinq cents livres, et chaussé avec des brodequins qui en pesaient autant. Il vivait à Rome du temps de Favo, suivant le père Labbe, en son Abrégé chronologique, et *Plin. lib.* 7. *Chap.* 20.

La fin du règne d'Auguste fut le commencement de la décadence de la belle poésie : sous Tibère, Caligula et Claude, elle parut languissante. Pétrone, Perse et Juvénal en firent voir les derniers efforts, et quelque temps après elle sembla expirer avec Martial.

Au rapport de Lucien, les intendants des provinces faisaient fouetter en leur présence (1) les acteurs qui représentaient mal Jupiter, Minerve, Neptune, etc.

Ils avaient de l'indulgence pour ceux qui ne s'acquittaient pas bien de certains personnages, comme d'un messager ou d'un esclave; mais on châtiait très sévèrement l'acteur qui déshonorait le héros ou le dieu qu'il représentait.

Du temps de Néron, selon Pétrone, on appelait les Comédiens Homéristes, parce qu'on les faisait venir dans les festins pour réciter les beaux endroits d'Homère; (lib. 14. c. 3.) Athénée les nomme encore *Rhapsodi*, d'où est

---

(1) L'empereur Caligula entendant la voix d'un comédien qu'on fouettait, la trouva si belle et si harmonieuse qu'il fit durer le supplice, pour prolonger son plaisir.

venu, sans doute, notre mot de *Rapsodie*, qui est un amas de plusieurs choses, comme étaient les vers que ces comédiens récitaient; à moins qu'on ne veuille tirer cette étymologie de l'Iliade même d'Homère, qui était intitulée *Rapsodie*.

Après avoir parlé du personnel des Comédiens chez les Grecs et les Romains, je crois utile de dire quelque chose sur l'art en général:

Aristote prétend que chez les Grecs, Homère avait donné un premier essai de la comédie, en changeant en simple plaisanterie les railleries offensantes des premiers poètes; et en effet, ajoute-t-il, son Margitès a le même rapport avec la comédie, que son Iliade et son Odyssée ont avec la tragédie. Selon Suidas, ce Margitès était un homme d'une sottise et d'une imbécillité extraordinaires; il ne put jamais compter que jusqu'à cinq ; il ne put apprendre aucune sorte de profession, et il était déjà homme qu'il ne savait pas qui de son père ou de sa mère l'avait mis au monde. Ce poème d'Homère est perdu; il serait cependant nécessaire de le voir pour en juger. Car, si la sottise de Margitès était telle que le dit Suidas, elle devait exciter plutôt la compassion que le rire, et par conséquent n'était pas, selon Aristote même, le ridicule propre à la comédie.

Les changements qui sont arrivés à la *tragédie*, chez les grecs, nous dit encore ce philosophe, ont été sensibles, et on en a connu les auteurs; mais, la *comédie* a été inconnue, parce qu'elle ne s'est pas cultivée dès le commencement, comme la tragédie; car le magistrat ne commença que fort tard à donner des chœurs comiques. Ceux qui jouaient auparavant, n'étaient que des acteurs libres et volontaires, qui jouaient pour eux, et sans ordre du magistrat.

Tandis que la comédie ne fut, pour ainsi dire, que tolérée dans les villes, et qu'elle ne reçut aucun secours, ni aucune protection du magistrat, ce ne fut qu'un spectacle très-informe; elle n'était composée que du chœur seul; elle n'avait ni histrions, ni masques, ni décorations, ni même d'action dramatique. Ce n'était qu'une satire outrée de ceux à qui le poète en voulait, ou des chansons grossières destinées à amuser une populace effrénée, dans les jours de fête et de débauche.

Enfin, soit que l'on crût que le spectacle pourrait contribuer à la réformation des mœurs, soit que ce ne fût que pour faire plaisir au peuple, le magistrat accorda enfin le chœur à la comédie ; c'est-à-dire, qu'il fit la dépense de tout ce qui était nécessaire pour la représentation des comédies ; on proposa des prix aux poètes comiques et à leurs acteurs ; ce qui arriva vers le temps de Périclès. Alors, la comédie prit une face toute nouvelle. La représentation des tragédies se donnait depuis long-temps à grands frais et avec beaucoup de magnificence ; elles servirent de modèles aux poètes comiques, qui formèrent toute la disposition de leurs fables sur celles de la tragédie. Ils travestirent, pour ainsi dire, la musique, et la firent en quelque sorte descendre à leurs usages ; ils empruntèrent des habits, des décorations, des machines, tout ce qui leur convint, et formèrent de tout cela un spectacle qui eut quelque régularité. Mais, en même temps, ils furent très-fidèles à conserver à ce nouveau drame ses deux anciens caractères. Non-seulement ils exposèrent à la risée du peuple les sots et les vicieux; mais, ils s'acharnèrent encore contre les plus honnêtes gens de la république. Personne ne fut à l'abri de leurs médisances, ni même de leurs calomnies, qu'ils assaisonnaient de leurs bons mots. Ils surent rendre ridicule jusqu'à la sagesse et à la vertu même; et l'indécence et l'effronterie furent portées à leur comble.

On comptait douze poètes grecs, qui avaient excellé dans le genre de la comédie ancienne, savoir, Magnès, Timocréon, Cratès, Eupolis, Cratinus, Aristophane, Phrynicus, Stralis, Phérécrates, Platon, Téléclides et Théopompe. Le nombre des comédies que ces douze poètes avaient composées, se montait à trois cent soixante-quinze; il ne nous en reste aujourd'hui que quelques fragments épars çà et là dans des auteurs anciens, principalement dans Plutarque et dans Athénée. Seulement onze comédies entières du seul Aristophane sont venues jusqu'à nous. Les critiques anciens nous disent que les poètes qui l'avaient précédé, avaient contribué, chacun en quelque chose, à donner à la vieille comédie, une forme régulière, et à augmenter ses agréments; mais que ce fut Aristophane qui la porta à sa perfection, et qu'il surpassa tous ceux qui travaillèrent dans le même genre. C'est ce qui l'a fait appeler par toute l'antiquité *le comique* par excellence, comme Homère est connu par ce seul mot, *le poète*.

Lorsque la tragédie fut parvenue à ce point de perfection où la portèrent à l'envi un grand nombre d'excellents poètes, surtout Eschyle, Sophocle et Euripide, d'autres poètes, dont le génie était porté à la plaisanterie et à la satyre, entreprirent de donner un spectacle dans lequel tout ce que les tragiques avaient imaginé pour exciter l'admiration, la terreur et la pitié, fut employé à faire rire les spectateurs, et à avilir et à rendre méprisables et ridicules tous ceux qu'il leur plut d'attaquer. Ce n'était, à proprement parler, que des parodies continuelles des tragédies les plus estimées, des bouffonneries, souvent les plus indécentes et les plus obscènes, des satires amères et outrées contre les plus grands hommes de la république; mais tout cela mêlé en même temps de morceaux de poésie admirables, de vraie et de saine morale, et surtout de la plus fine et de la plus profonde politique. Le livre de Rabelais est ce que nous avons de plus propre en français à nous donner une juste idée d'Aristophane, et il semble qu'on peut dire à peu près le même bien et le même mal de ces deux auteurs.

Les poètes tragiques avaient imaginé des actions grandes et capables d'émouvoir puissamment leurs spectateurs; ils empruntaient ordinairement leurs sujets plutôt de la fable que de l'histoire ; ils y trouvaient un merveilleux propre à relever et à agrandir les objets, et à employer les talents qu'ils se sentaient pour la grande poésie.

Les poètes de la vieille comédie ne prirent point leurs sujets dans la vie ordinaire des hommes; ils voulurent surprendre leurs spectateurs par la nouveauté et par la bizarrerie de leurs fictions; ils se firent un mérite de tirer des fonds les plus frivoles en apparence, de quoi charmer et instruire même leurs concitoyens, et surpasser leurs rivaux.

Un poète, après avoir ainsi choisi le sujet le plus bizarre et le plus extravagant qu'il pouvait imaginer, formait son plan sur celui des plus belles tragédies, en empruntait toutes les parties et en suivait toutes les règles. Il s'astreignait aux trois unités d'action, de lieu et de temps, et faisait sur le même modèle l'exposition de son sujet, son nœud et son dénouement. Il partageait sa pièce en scènes et en intermèdes; il employait le vers ïambe et faisait usage de toutes les autres espèces de vers que les tragiques avaient adoptées. Non-seulement les poètes de la vieille comédie prirent les mêmes espèces de vers que les tragiques ; mais, pour rendre ceux-ci ridicules, ils donnaient souvent à leurs vers la pompe et la magnificence des vers des tragédies, qu'ils parodiaient continuellement, employant les expressions les plus sublimes et les plus majestueuses pour dire des choses les plus basses et les plus bouffonnes. Le Scholiaste d'Aristophane avertit à chaque instant que tels vers sont pris d'Eschyle, tels autres de Sophocle ou d'Euripide, ou de quelqu'autre tragique.

La comédie ancienne, ainsi que la tragédie, mettait sur le théâtre trois sortes de personnages ; savoir, des hommes, des dieux, et des êtres imaginaires. Par rapport aux hommes qui paraissaient dans la vieille comédie, c'étaient les premiers et les plus distingués d'entre les citoyens ; c'étaient les magistrats, les généraux d'armée,

On ne faisait grace à personne, nous en avons la preuve dans Aristophane; et les témoignages des anciens ne nous permettent pas de douter que les autres poëtes n'aient porté aussi loin que lui leur licence effrénée. Ainsi, cette espèce de comédie ne donnait pas seulement des caractères généraux, elle peignait encore tels et tels hommes en particulier, et comme elle ne les mettait sur la scène que pour les tourner en ridicule, ou les rendre odieux, elle donnait beaucoup dans l'exagération. On peut fort bien comparer les caractères peints dans les comédies d'Aristophane, à ces portraits que les peintres appellent *des charges*, dont le but est d'attraper la ressemblance, mais en augmentant et en chargeant beaucoup les défauts de l'original. Tout défiguré que soit Socrate dans les *Nuées*, on le reconnaît pour le même Socrate qui parle dans Platon; c'est son tour d'esprit, c'est sa manière de raisonner et de converser. Quoique Cléon fût un personnage fort méprisable, on sent que son caractère est outré dans la comédie que fit exprès contre lui Aristophane, et qui est intitulée *les Chevaliers*. Il en est de même de tous ceux que ce poème a mis sur la scène ; c'est ce qui a fait dire à Aristote que le propre de la comédie était de peindre les hommes pires qu'ils ne sont.

Les poëtes tragiques introduisaient souvent des dieux dans leurs pièces, et ils les faisaient parler avec la majesté qui leur convenait. Aristophane en fait paraître souvent dans ses comédies; mais ils n'y sont pas plus épargnés que les hommes. La vieille comédie plaisantait de tout; et si l'on souffrait qu'on se moquât des personnes qui occupaient les premières places de la république, si le peuple d'Athènes même en personne mis sur le théâtre, excitait les huées des spectateurs, on conçoit aisément que la plaisanterie était permise à l'égard des dieux. Il y a toute apparence que l'on regardait ces sortes de railleries comme un badinage innocent, et qui ne tirait point à conséquence. On était persuadé que les dieux étaient trop sages pour s'offenser des discours extravagants d'un poète. On croyait même qu'ils en riaient les premiers, et qu'ils s'en divertissaient. Arnobe nous apprend qu'à Rome, lorsqu'on pouvait soupçonner que Jupiter était en colère, pour le remettre en belle humeur, on faisait jouer l'Amphytrion de Plaute. Ce qui est certain, c'est que l'on défendit aux poètes comiques d'attaquer des personnages réels, sans leur interdire de plaisanter sur les dieux; nous en avons la preuve dans le *Plutus* d'Aristophane qui appartient à la moyenne comédie, et où les dieux sont fort maltraités.

Les tragiques grecs mirent sur la scène non-seulement les dieux, les demi-dieux, et généralement tout ce que la fable avait consacré, ils portèrent encore la hardiesse jusqu'à introduire des êtres allégoriques. La rage ou la fureur joue un rôle dans *l'Hercule furieux* d'Euripide. La mort est un des personnages de l'Alceste du même poète. Eschyle fait attacher Prométhée au rocher par la force et par la violence. Les poètes comiques ne demeurèrent point en reste avec les tragiques sur cet article. Ils firent des personnages de tout ce qui leur vint dans l'esprit. La guerre et le tumulte sont deux personnages de la comédie d'Aristophane, intitulée *la Paix*. Dans les *Guêpes*, un chien se porte pour accusateur d'un autre chien, forme sa plainte, et le couteau qui a coupé le fromage est cité comme témoin. Les *Nuées* sont des nymphes charmantes qui chantent de très-beaux vers, et forment le chœur de la comédie qui porte leur nom. Il n'est pas jusqu'aux grenouilles qui ne fassent un rôle considérable.

Les poètes tragiques, à l'envi des orateurs, tâchaient d'inspirer au peuple les sentiments qu'ils croyaient les plus convenables à ses intérêts, et leurs pièces font des allusions continuelles aux affaires publiques. Les poètes comiques s'ingéraient dans les matières du gouvernement bien plus avant encore, et bien plus à découvert que les tragiques. Il n'y a pas une seule pièce d'Aristophane, dans laquelle on ne fronde le gouvernement d'Athènes. Non-seulement on y attaque les vices des particuliers, quels qu'ils soient; mais, on y expose avec la plus grande liberté toutes les fautes de la république; souvent même la pièce ne roule que sur un point capital de politique. Les comédies intitulées *la Paix*, *les Acarnaniens*, *Lysistrate*, *les Femmes au sénat*, n'ont d'autre but que de persuader aux Athéniens de s'accorder avec les Lacédémoniens, et de finir une guerre qui les ruinait les uns et les autres, aussi bien que leurs alliés et leurs tributaires; c'est pourquoi, Platon, en envoyant à Denys l'ancien les comédies d'Aristophane, lui mande qu'il n'y a aucun livre qui le puisse mettre si bien au fait de tout ce qui regarde les Athéniens.

Ce peuple était grand amateur de harangues ; les tragiques grecs en ont rempli leurs pièces ; les vieux poètes comiques en inséraient aussi dans leurs comédies, et les ornaient, ainsi que les tragiques, de maximes de politique et de morale. Il y en a un grand nombre de cette sorte dans Aristophane ; par exemple, les plaidoyers de la richesse et de la pauvreté dans le *Plutus*, et ceux de la justice et de l'injustice dans les *Nuées*.

On faisait de grandes dépenses pour les représentations des tragédies, en décorations, en machines et en habits. La vieille comédie prétendait égaler la tragédie par tous ces moyens, et souvent la travestir et la rendre ridicule. Dans la comédie des *Grenouilles*, Bacchus habillé en Hercule, arrive sur les bords du Styx, qu'il passe dans la barque de Caron ; il trouve de l'autre côté des monstres de plusieurs formes qui cherchent à l'épouvanter. Ce dieu pénètre ensuite dans le séjour des bienheureux, où l'on célèbre en son honneur les mystères avec les hymnes, les processions, les flambeaux et les autres cérémonies en usage dans ces sortes de fêtes. Tout cela suppose une grande variété dans les décorations, les machines, les habits, etc. Il devait y avoir encore plus de magnificence dans la comédie des oiseaux; les spectacles devaient être extrêmement brillants, surtout au dernier acte; il se passe au milieu de l'air, dans la ville de Néphélococugie; on y aperçoit des murs et des tours bâties sur les nues. Prométhée, et après lui trois autres dieux y descendent du ciel. Pisthétærus en descend aussi sur un char de triomphe; la déesse, parée avec la plus grande magnificence, est assise auprès de lui ; il tient d'une main le sceptre, et de l'autre les foudres de Jupiter. Le théâtre est tout illuminé d'éclairs, le bruit du tonnerre se mêle aux chants des oiseaux, qui voltigent en foule autour de Pisthétærus leur nouveau roi.

La comédie ancienne subsista jusqu'au temps où Alcibiade gouverna la république. Alors, on se lassa de ces censeurs outrés ; et Eupolis ayant maltraité dans une de ses comédies Alcibiade lui-même, il fut fait une loi par laquelle il était défendu aux auteurs de comédies de parler mal d'aucun homme vivant, et de le nommer par son nom.

Les poètes se retranchèrent alors à médire des morts, et surtout des anciens poètes ; ce fut ce qu'on appela la moyenne comédie. Enfin, on se dégoûta entièrement de n'entendre jamais que des satires ; d'autant plus que les auteurs de comédies trouvaient toujours, malgré les défenses, mille moyens de tourner en ridicule ceux qui leur déplaisaient.

On inventa donc la nouvelle comédie, qui ne fut plus que l'imitation de la vie ordinaire des simples citoyens. Son but unique fut de rendre les hommes meilleurs et plus sages, sous l'apparence de ne vouloir que les amuser et les faire rire. C'est à cette dernière espèce que la comédie se fixa ; ce qui arriva un peu avant le règne d'Alexandre.

Mais, un spectacle de cette nature, si propre à divertir les honnêtes gens, ne put suffire au peuple ; il lui fallut toujours des bouffons. Aristote nous dit que de son temps la coutume de chanter publiquement des vers phalliques subsistait encore dans plusieurs villes. On conserva aussi des farces dans l'ancien goût, et de plus d'une espèce; telles furent les dicélies, les magodies, les mimes.

De tout ce que nous venons de dire, il résulte que la vieille comédie différait de la nouvelle; 1° par le temps; 2° par la matière; 3° par la forme.

1° *Par le temps*: La vieille comédie succéda immédiatement aux farces grossières qu'on jouait au temps des vendanges, et dans lesquelles on portait l'effronterie et la licence aux derniers excès; c'est ce qui fait que la pudeur est souvent blessée dans Aristophane. Il fallait que ce poète plût au peuple, qui était accoutumé à rire des plaisanteries les plus grossières et les plus indécentes. Lorsque la vieille comédie fut inventée, la république d'Athènes était dans son plus haut point de prospérité; ce qui faisait que le peuple était extrêmement insolent, et qu'il ne respectait rien. La vieille comédie se ressentit de ces défauts. Dans la suite, les sciences et les arts adoucirent les mœurs, et amenèrent la politesse, ce qui rendit la nouvelle comédie moins satirique et plus décente.

2° *Par la matière* : Le fond des vieilles comédies était de pures fictions, mais dont les personnages étaient des noms connus, et pour la plupart véritables; au lieu que la nouvelle comédie n'attaqua les vices qu'en général, et sans blesser personne en particulier. La vieille comédie s'ingérait dans les affaires du gouvernement, et attaquait les premiers de la république; la nouvelle n'introduisit que des gens d'un état médiocre.

3° *Par la forme* : Elle emprunta de

la tragédie son plan et sa constitution. La tragédie cherchait, par toutes sortes de moyens, à relever et à ennoblir ses sujets; la comédie au contraire employait les mêmes moyens pour avilir, et rendre odieuses et ridicules les personnes qu'elle attaquait. Elle se permettait toutes sortes de fictions; les plus bizarres et les plus hardies étaient celles qui lui plaisaient le plus; elle employait les expressions les plus relevées et les plus poétiques; au lieu que la nouvelle comédie se borna à l'imitation fidèle de la vie commune des hommes.

Comme il est plus aisé d'imiter le grossier et le bas que le délicat et le noble, les premiers poètes latins, enhardis par la liberté et la jalousie républicaine, suivirent les traces d'Aristophane. De ce nombre fut Plaute lui-même chez les Romains; sa muse est, comme celle d'Aristophane, de l'aveu non suspect de l'un de leurs apologistes, une bacchante, pour ne rien dire de pis, dont la langue est détrempée de fiel.

Térence qui suivit Plaute, comme Ménandre Aristophane, imita Ménandre sans l'égaler. César l'appelait un demi-Ménandre, et lui reprochait de n'avoir pas la force comique ; expression que les commentateurs ont interprétée à leur façon, mais qui doit s'entendre de ces grands traits qui approfondissent les caractères, et qui vont chercher le vice jusque dans les replis de l'âme, pour l'exposer en plein théâtre au mépris des spectateurs.

Plaute est plus vif, plus gai, plus fort, plus varié ; Térence, plus fin, plus vrai, plus pur, plus élégant; l'un a l'avantage que donne l'imagination qui n'est captivée, ni par les règles de l'art, ni par celles des mœurs, sur le talent assujéti à toutes ces règles; l'autre a le mérite d'avoir concilié l'agrément et la décence ; la politesse et la plaisanterie, l'exactitude et la facilité. Plaute, toujours varié, n'a pas toujours l'art de plaire; Térence, trop semblable à lui-même, a le don de paraître toujours nouveau. On souhaiterait à Plaute l'ame de Térence, à Térence l'esprit de Plaute.

Les Romains sous les consuls, aussi jaloux de leur liberté que les Athéniens, mais plus jaloux de la dignité de leur gouvernement, n'auraient jamais permis que la république fût exposée aux traits insultants de leurs poètes. Ainsi, les premiers comiques latins hasardèrent la satire personnelle, mais jamais la satire politique.

Dès que l'abondance et le luxe eurent adouci les mœurs de Rome, la comédie elle-même changea son âpreté en douceur; et comme les vices des Grecs avaient passé chez les Romains, Térence, pour les imiter, ne fit que copier Ménandre.

La comédie, chez les Romains, prit différents noms, relativement à différentes circonstances, dont nous allons rendre compte en peu de mots.

1°. Ils eurent les comédies *Atellanes*, ainsi nommées d'*Atelle* dans la Campanie. C'était un tissu de plaisanteries; la langue en était oscique; elle était divisée en actes; il y avait de la musique, de la pantomime, et de la danse; de jeunes Romains en étaient les acteurs.

2°. Les comédies *Mixtes*, où une partie se passait en récit, une autre en action; ils disaient qu'elles étaient *partim Stataricæ, partim Motoriæ*, et ils citaient en exemple l'*Eunuque* de Térence.

3°. Les comédies appelées *Motoriæ*, celles où tout était en action, comme dans l'*Amphitryon* de Plaute.

4°. Les comédies appelées *Palliatæ*, où le sujet et les personnages étaient Grecs, où les habits étaient aussi Grecs, où l'on se servait du pallium. On les appelait aussi *Crepidæ*, chaussure commune des Grecs.

5°. Les comédies appelées *Planipediæ*, celles qui se jouaient à pieds nuds, ou plutôt sur un théâtre de plein pied avec le rez-de-chaussée.

6°. Les comédies appelées *Prætextatæ*, où le sujet et les personnages étaient pris dans l'état de la noblesse, et de ceux qui portaient les toges Prétextes.

7°. Les comédies appelées *Rhintonicæ*, ou comique larmoyant, ce que l'on appelait encore *hilara tragedia*, ou *latina comedia*, ou *comedia italica*. L'inventeur en fut un bouffon de Tarente, nommé Rhintone.

8°. Les comédies appelées *Statariæ*, celles où il y a beaucoup de dialogue et peu d'action, telles que l'*Hécyre* de Térence et l'*Asinaire* de Plaute.

9°. Les comédies appelées *Tabernariæ*, dont le sujet et les personnages étaient pris du bas peuple, et tirés des tavernes. Les acteurs y jouaient en robes longues, sans manteaux à la grecque. Afranius et Ennius se distinguèrent dans ce genre.

10°. Les comédies appelées *Togatæ*, où les acteurs étaient habillés de la toge. Stéphanius fit les premières; on les sous-divisa en *Togatæ*, proprement dites, *Prætextatæ*, *Tabernariæ*, et *Atellanæ*. Les *Togatæ* tenaient proprement le milieu entre les *Pretextatæ* et les *Tabernariæ*; c'étaient les opposées des *Palliatæ*.

11°. Les comédies appellées *Trabeatæ*; on en attribue l'invention à Caïus Mélissus. Les acteurs y paraissaient *in trabeis*, et y jouaient des triomphateurs, des chevaliers. La dignité de ces personnages, si peu propres au comique, a répandu bien de l'obscurité sur la nature de ce spectacle.

Rome avait porté si loin les conquêtes qu'elle était devenue la capitale du monde, on y voyait arriver un nombre infini de gens de différents pays, qu'elle avait soumis à ses lois; l'assemblage des Grecs, des Syriens, des Espagnols et des Gaulois en corrompirent le langage, et les beaux arts s'en ressentirent bientôt. La poésie ne fut plus qu'un amas de pointes recherchées et souvent obscènes; les chrétiens qui en trouvaient la lecture opposée aux bonnes mœurs n'oubliaient rien pour la décrier, et ils se servaient à propos du mépris qu'on avait déjà pour elle; enfin l'épouvante qu'Alaric et les autres barbares portèrent dans toute l'Italie pendant le IV.e siècle fit presqu'entièrement taire les muses; nous n'avons, de ce temps-là, que les vers d'Ausonne qui soient supportables.

Ainsi depuis la décadence de l'empire romain, le théâtre ayant été abandonné, aussi bien que les lettres en général, la barbarie succéda et régna dans le monde pendant une longue suite de siècles.

Les cirques et les amphithéâtres dont on montre encore aujourd'hui les débris dans les principales villes de France qui ont été les premières sous la domination des Romains, ne laissent aucun lieu de douter qu'après leur conquête des Gaules, ils y établirent tous les jeux et tous les spectacles qui étaient en usage à Rome.

Ils y transplantèrent aussi leur opinion, à l'égard des comédiens, et cette opinion y a prévalu dans les premiers siècles de l'existence de notre nation; mais aussi la barbarie dans laquelle nous étions plongés nous-mêmes ne permettait pas à une classe d'hommes, instituée pour amuser et distraire la populace, d'avoir un goût et des mœurs au-dessus de ceux aux plaisirs desquels elle servait.

Nos premiers rois d'ailleurs, tout occupés à conserver ou à étendre leurs conquêtes, et à s'affermir sur leur nouveau trône, plus souvent à la tête de leurs armées que dans leurs palais, négligèrent long-temps les jeux et les plaisirs qui ne sont que les fruits d'une heureuse et parfaite tranquillité

De là vient que, dans les histoires

de ce temps-là, il n'est fait mention que des seuls histrions ou farceurs, les plus méprisables de tous les comédiens anciens, lesquels, n'étant sédentaires en aucun lieu, continuèrent à courir de ville en ville, et à représenter leurs bouffonneries dans les places publiques, ou dans les maisons des particuliers qui les y appelaient pour s'y donner ce plaisir. Ils ne furent pas long-temps sans abuser de la liberté qu'ils se permettaient. Les obscénités et les insolences qu'ils mêlèrent dans leurs récits et dans leurs postures les rendirent enfin odieux et leur attirèrent également l'indignation de l'une et de l'autre des deux puissances, la spirituelle, et la temporelle. Car nous voici arrivés à l'époque où la religion chrétienne prenait de fortes racines dans les Gaules, sans être cependant la religion de l'état, puisque Clovis, premier roi chrétien, ne reçut le baptême qu'en 496; mais les ministres de cette religion, voulant adoucir et épurer les mœurs de la nation, lancèrent des anathèmes foudroyants contre les *histrions obscènes* et les *gens de cirque* qui entretenaient parmi le peuple toutes les idées, tous les gestes des payens, et nuisaient ainsi à leurs efforts pour l'établissement et la propagation de la foi.

Le concile d'Elvire, en Espagne, tenu l'an 300 de J.-C. est le premier qui contienne un canon (c'est le LXII) contre les gens de théâtre. Il porte : *Si auriga et pantomimus credere voluerint, placuit, ut priùs artibus suis renuntient et tunc demùm suscipiantur. Qui se facere contra interdictum tentaverint, projiciantur ab ecclesiâ.*

TRADUCTION :

Si un cocher de cirque ou un pantomime veulent se convertir, qu'ils renoncent premièrement à leur métier, sans espérance d'y retourner ; si, après avoir été reçus, ils contreviennent à cette défense, qu'on les chasse de l'église.

Le concile d'Arles, tenu en 314 de J.-C., fulmine, dans ses canons IV et V, ce qui suit :

IV :

De agitatoribus qui fideles sunt, placuit eos, quandiù agitant, à communione separari.

V :

De theatricis, et ipsos placuit, quandiù agunt, à communione separari.

TRADUCTION :

IV :

Il a été jugé convenable, à l'égard des fidèles qui font profession du métier de jongleurs, bateleurs, qu'ils seront séparés de la communion de l'Église, tant qu'ils exerceront cette profession.

V :

Il a été de même jugé convenable que tous les gens de théâtre seraient également séparés de la communion de l'Église, tant qu'ils y demeureront attachés. (*Sacro sancta concilia, tom. I*^{er} *par le père Labbe : et concilia antiqua Galliæ, tomus primus, par le père Sirmon.*)

La puissance séculière se montra également sévère envers les histrions, les gens de cirque et les bateleurs ;

car Charlemagne à l'instar des empereurs romains ses prédécesseurs, rendit en 789, une ordonnance qui mit les Comédiens au nombre des personnes *infames* auxquelles il n'était pas permis de former une accusation en justice. Nous trouvons encore, dans nos lois anciennes, ce passage à leur égard. (*L. si fratres. cod. ex quibus causis infamiâ irrogat. C. lib. II. chap. XII.*) et par cette raison, on les a regardés comme incapables de rendre témoignage. Le canon *definimus, quæst. J.*, dit qu'un comédien n'est pas recevable à intenter une accusation; et le §. *Causas. auth. ut cum de appel. Cognos*: porte qu'un fils qui, contre la volonté de son père, s'est fait comédien, encourt son *indignation*.

Les conciles de Mayence, de Tours, de Reims et de Châlons-sur-Saône, qui furent tenus l'an 813, défendirent aux évêques, aux prêtres et aux autres ecclésiastiques d'assister à aucun de ces spectacles, sous peine de suspension et d'être mis en pénitence. Charlemagne autorisa cette disposition par une nouvelle ordonnance de la même année. Elle est fondée sur ce motif que, pour se conserver l'ame pure de vices, il fallait éviter de voir ou d'entendre les insolences de ces jeux sales et honteux des histrions. *Histrionum turpium et obscœnorum insolentias jocorum.*

Ils furent enfin tellement décriés, que l'usage en était aboli, lorsque Hugues Capet parvint à la couronne; du moins on ne trouve nulle part, que depuis ce temps-là, il en soit fait aucune mention, à moins que ce ne soit à l'occasion des cours plénières que nos rois tenaient à cette époque et dans lesquelles ils donnaient toutes sortes de divertissements au peuple. On appelait *Cours plénières* de magnifiques assemblées que nos anciens rois tenaient à Noël et à Pâques, ou à l'occasion d'un mariage ou autre sujet de joie extraordinaire, tantôt dans un de leurs palais, tantôt dans quelques grandes villes, quelquefois en pleine campagne, toujours en un lieu commode, pour y loger les grands seigneurs, tous invités et qui étaient obligés de s'y trouver, quoique souvent à regret, à cause de la grande dépense. Elles duraient sept ou huit jours, et on n'y était pas si entièrement occupé de bonne chère et de spectacles, qu'on n'y parlât aussi d'affaires. C'était là que les commissaires que l'on envoyait dans les provinces pour informer des mœurs et de la conduite des juges, en faisaient leur rapport au prince. Le roi y assistait en grande cérémonie ; car il portait toujours son sceptre et il ne quittait sa couronne qu'en se couchant ; le prêtre qui avait dit une messe solennelle le matin, la lui avait mise sur la tête immédiatement avant l'épître ; il la portait à table et au bal. Il mangeait en public, dans un lieu un peu élevé, pour être vu de tout le monde. Devant chaque service qu'on portait, marchaient des flûtes et des hautbois. A l'entremets, vingt hérauts d'armes rangés en rond devant la table et tenant chacun à la main une coupe remplie de pièces d'or et d'argent, criaient trois fois à pleine tête : *Largesse du plus puissant des rois;* après quoi ils semaient l'argent et, tandis que le peuple le ramassait avec de grands cris de joie, les trompettes jouaient des fanfares; etc. il y avait, après le dîner, pêche, jeu, chasse, danseurs de corde, plaisantins, jongleurs et pantomimes.

Les plaisantins faisaient des contes, les jongleurs jouaient de la vielle; c'était, dans ces premiers temps, l'instrument le plus estimé; les pantomimes, par leurs gestes, représentaient des comédies, et les représentaient si bien qu'on y prenait plus de plaisir qu'aux véritables comédiens. Il y avait de ces bouffons qui instruisaient des chiens, des singes, des ours, à faire les mêmes postures et qui leur faisaient jouer une partie de leurs pièces. De la manière qu'on en parle, dit M. Legendre (1), ces bateleurs français excellaient si fort dans leur art, qu'on peut douter si les mimes et pantomimes des anciens eussent eu l'avantage sur eux.

---

(1) Mœurs et coutumes des Français.

Une dépense considérable de ces assemblées, était d'y faire venir toutes sortes de charlatans; la fête n'était bonne qu'autant qu'il y en avait : c'était tellement l'usage que l'empereur Louis-le-Débonnaire, quelque aversion qu'il eût pour les plaisirs et pour les spectacles, n'était pas seulement obligé d'appeler à ces fêtes des acteurs de toutes les sortes, mais encore de se trouver, par complaisance pour le peuple, aux pièces qu'ils représentaient.

La législation rigoureuse, tant de la part de la puissance ecclésiastique que de celle de la puissance séculière, à l'occasion *des histrions, hommes obscènes et gens de cirque*, qui jouèrent sous la première et la seconde race de nos rois, était utile et conservatrice des mœurs et de la religion; tout historien sage ne peut donc qu'y applaudir.

C'est la conséquence de cette législation des deux puissances dominantes alors dans l'état qui a porté le clergé à refuser la sépulture aux *comédiens qui meurent sans abjuration, sans contrition, et sans une nouvelle profession de foi.*

Mais c'est une erreur des plus graves que le clergé de France a commise, en prétendant appliquer les foudres des conciles d'Elvire et d'Arles, et la rigueur de la législation de Charlemagne, qui frappaient *les histrions* et les *comédiens* des première et seconde races, aux comédiens de nos jours; parce que les lois coërcitives rendues à l'égard des premiers, et que nous trouvons justes, dans leur essence et leur application, ne peuvent en rien concerner les seconds; *les histrions et les bateleurs* de la première et seconde race étaient réellement proscrits par la puissance ecclésiastique et séculière; mais les comédiens exerçant sous la troisième race de nos rois, étaient soutenus, accrédités par la volonté de nos princes et les arrêts de nos parlements; ils agissaient en vertu de tous les pouvoirs légaux qui constituent et légitiment une profession dans l'état, et les lois ecclésiastiques et civiles, faites pour la répression et l'extinction des *histrions* et des *bateleurs*, n'ont, et ne peuvent rien avoir de commun, à l'égard des comédiens de la troisième race, que la puissance royale et celle de nos parlements, ont constitués régulièrement. C'est ce que nous prouverons à l'évidence dans la suite de cet ouvrage; mais il convient à cet effet de suivre la marche graduelle et historique de la profession de *Comédien*, afin d'établir *l'origine fixe* de ceux de nos jours qui, loin de la rencontrer dans les histrions et les bateleurs qui s'étaient éteints avant même l'avènement de Hugues Capet au trône, la puiseront dans les éléments de notre propre religion, ce qui est bien différent.

Le XIe siècle vit paraître les jongleurs proprement dits, qui étaient des joueurs d'instruments qui se joignirent dans la naissance de notre poésie, aux troubadours ou poètes provençaux, et couraient avec eux la province. Il est fait mention des jongleurs dès le temps de l'empereur Henri II, c'est-à-dire, vers l'an 1050 de J.-C. Comme ils jouaient de différents instruments, ils s'associèrent avec les troubadours pour exécuter et chanter leurs poésies qui consistaient en sonnets, pastorales, chants et satires, pour lesquels ils avaient le plus de goût et en *tensons* ou plaidoyers qui étaient des disputes d'amour, ils célébraient aussi, par des pièces nommées *syrventes*, les victoires que les princes chrétiens, avaient remportées sur les infidèles, dans les guerres de la Palestine et d'Outre-Mer. Ils se firent singulièrement *estimer* en Europe, et la réputation de leurs poésies fut au plus haut degré vers le milieu du 14ᵉ siècle. Ce fut en Provence que Pétrarque apprit l'art de rimer, qu'il pratiqua avec le plus grand succès et qu'il enseigna ensuite en Italie. Les princes du temps attirèrent les poètes provençaux à leur cour et les honorèrent de leurs bienfaits.

« Les premiers poètes, dit M. l'abbé Massieu, dans son histoire de la poésie française, menaient une vie errante et ressemblaient du moins par là aux poètes grecs.

« Lorsqu'ils avaient famille, ils menaient avec eux leurs femmes et leurs enfants, qui se mêlaient aussi quelquefois de faire des vers, car assez souvent toute la maison rimait bien ou mal, à l'exemple du maître; ils avaient soin encore de prendre à leur suite, des gens qui eussent de la voix, pour chanter leurs compositions, et d'autres qui sussent jouer des instruments, pour accompagner. Écoutés de la sorte, ils étaient bien venus dans les châteaux et dans les palais; ils égayaient les repas; ils faisaient honneur aux assemblées, mais surtout, ils savaient donner des louanges; appât auquel les grands se sont presque toujours laissé prendre. »

« Quelquefois, dit M. de Fontenelle, durant le repas d'un prince, on voyait arriver un trouverre inconnu, avec ses ménestrels ou jongleurs, et il leur faisait conter sur leurs harpes ou vielles, les vers qu'ils avaient composés. Ceux qui faisaient les sons aussi bien que les mots étaient les plus estimés. On les payait en armes, draps et chevaux, et, pour ne rien déguiser, on leur donnait aussi de l'argent; mais pour rendre les récompenses des gens de qualité plus honnêtes et plus dignes d'eux, les princesses et les plus grandes dames y joignaient souvent leurs faveurs. »

Les troubadours, quoiqu'ils représentassent souvent eux-mêmes leurs propres pièces, étaient néanmoins différents des conteurs, chanteurs et jongleurs, qu'ils s'adjoignaient quelquefois, pour donner plus d'éclat à la représentation de leurs pièces. Les conteurs composaient souvent les proses historiques et romanesques; car il y avait des romans rimés et des romans sans rimes. Les premiers étaient l'ouvrage des troubadours, et les seconds ceux des conteurs. Les chanteurs chantaient les productions des poëtes, et les jongleurs les exécutaient sur différents instruments.

Tous les jeux des jongleurs consistaient en gesticulations, tours de passe-passe, etc., ou par eux-mêmes, ou par des singes qu'ils portaient avec eux, ou en quelques mauvais récits du plus bas burlesque. Mais leurs excès ridicules et extravagants les firent tellement mépriser, que, pour signifier alors une chose mauvaise, folle, vaine et fausse, on l'appelait *jonglerie;* et Philippe-Auguste, dès la première année de son règne, les chassa de sa cour et les bannit de ses états. Quelques-uns néanmoins qui se réformèrent s'y établirent et y furent tolérés dans la suite du règne de ce prince, et des rois ses successeurs, comme on le voit par un tarif fait par St. Louis pour régler les droits du péage dû à l'entrée de Paris sous le petit Châtelet. L'un de ces articles porte que les jongleurs seraient quittes de tout péage en faisant le récit d'un couplet de chanson devant le péager. Un autre porte « que le marchand qui apporterait un singe pour le vendre paierait quatre deniers; que si le singe appartenait à un homme qui l'eût acheté pour son plaisir, il ne donnerait rien; que s'il était à un joueur, il jouerait devant le péager, et que, par ce jeu, il serait quitte du péage tant du singe que de tout ce qu'il aurait acheté pour son usage. » C'est de là que vient cet ancien proverbe : *Payer en monnaie de singe, en gambades.* Tous prirent, dans la suite, le nom de jongleurs, comme le plus ancien, et les femmes qui se mêlaient de ce métier, celui de *jongleresses*. Ils se retiraient à Paris dans une seule rue qui avait pris d'eux le nom de *rue des Jongleurs*, et qui est aujourd'hui celle de S. Julien des Ménétriers. On y allait louer ceux que l'on jugeait à propos, pour s'en servir dans les fêtes publiques ou assemblées de plaisirs.

Les *troubadours*, différents, comme je l'ai déjà fait observer, des jongleurs, brillèrent en Europe, environ 250 ans, depuis 1120 ou 1130, jusqu'à la fin de Jeanne, première du nom, reine de Naples et de Sicile, et comtesse de Provence, qui mourut en 1382, et qui leur accordait une protection tout-à-fait spéciale; alors défaillirent les *Mécènes* et défaillirent *aussi les poètes*, dit Nostradamus; mais les troubadours, la plupart *gentilshom-*

mes, étaient de vrais *Comédiens* ambulants, qui se faisaient une gloire de représenter souvent eux-mêmes leurs poésies et qui introduisirent en France le goût de la comédie et du chant; à ceux-ci succédèrent d'autres poètes qu'on nomma *Comiques*, c'est-à-dire *Comédiens*, parce qu'en effet ils jouaient encore dans les pièces qu'ils composaient et dans celles qu'ils débitaient à la cour des rois et des princes où ils étaient admis. Ces deux classes de troubadours et de poètes, *acteurs ou Comédiens*, dans leurs propres pièces, reçus, fêtés et honorés par les rois et les princes, furent en estime dans le royaume et jamais on n'a pensé, quoiqu'ils exerçassent bien la profession réelle de comédiens, de leur faire l'application des foudres de l'Église et de la jurisprudence de Charlemagne, qui avait lieu à l'égard des jongleurs et des bateleurs qui couraient les rues et amusaient la populace.

Ces poètes ayant cessé de représenter ainsi leurs productions, on vit naître, sous la fin du règne de Charles V, le *chant royal*, genre de poésie de même construction que la ballade, et qui se faisait en l'honneur de Dieu ou de la Vierge.

Après que les chrétiens croisés eurent conquis la terre sainte, il y allait beaucoup de pèlerins qui en revenaient, comme l'on peut penser, fort peu chargés d'argent. Pour s'attirer des aumônes, ils chantaient par les rues de Paris, des chansons ou cantiques qu'ils avaient composés en chemin, sur la Passion de Jésus-Christ, et sur les choses merveilleuses qu'ils avaient vues dans leurs voyages, et prétextant des naufrages, qu'ils représentaient dans des espèces de tableaux, et qu'ils expliquaient dans leurs chants ou dans leurs récits. Ils se mêlaient avec ceux qui revenaient de St. Jacques de Compostelle, de N. D. de Lorette, ou de la Ste. Baume. Ils faisaient de petites troupes et attiraient la foule dans les places publiques; leurs chapeaux et leurs rochets chargés de coquilles de grandeur et de couleur différentes et singulières, leur gros bourdon et le reste d'un équipage bizarre qu'ils ornaient encore dans le goût de ce qu'ils voulaient paraître, un air sauvage et des manières piteuses et composées, tout cela excitait la curiosité des yeux vulgaires, et rendait leurs récits bien plus imposants. On trouvait un merveilleux infini à tout ce que débitaient des gens qui revenaient de si loin. On prenait leurs contes faits à plaisir pour des visions qu'ils avaient eues, et la crédulité des bonnes gens ne pouvait qu'être avantageuse aux pèlerins, à qui les aumônes étaient prodiguées.

Cet usage n'était pas nouveau dans le monde; car chez les Romains, ceux qui avaient fait quelques grandes pertes, ou souffert quelque dommage, par naufrage ou autrement, avaient coutume de représenter dans un tableau le sujet de leur misère ; ils le pendaient à leur cou, et l'expliquaient par des chansons accommodées à leur état de disette et de pauvreté, pour toucher de compassion ceux qu'ils rencontraient dans leur chemin, et pour réparer, par la charité des gens de bien, les pertes qu'ils avaient faites.

Fractâ rate naufragus assem,
Dum rogat, et pictâ se tempestate tuetur.   JUVÉNAL.

Nos pèlerins donc plurent si fort

au peuple, que quelques charitables bourgeois firent dresser des théâtres sur lesquels ces pieuses troupes représentaient, tantôt un chrétien martyrisé, tantôt quelqu'action miraculeuse, ou enfin quelques mystères de notre religion.

Comme on avait de là vénération pour cette espèce de spectacle, le zèle des *ecclésiastiques* leur inspira d'en donner dans des processions; on commença même à faire de longs pèlerinages, pour exciter, dans les lieux où l'on passait, la dévotion du peuple, par la représentation des choses les plus simples.

Ce fut à peu près dans ce temps là qu'à Aix en Provence on commença à représenter, le jour de la fête-Dieu, tous les mystères du vieux et du nouveau testament; on n'oublia pas les *danseurs* qui précédaient l'Arche d'Alliance; et une infinité d'autres représentations profanes, qui étaient fort peu convenables à la solennité de cette fête. (Voyez-en les détails, dans la suite de cet ouvrage, chapitre des *Processions*.)

Ces représentations étaient regardées comme des choses si sérieuses, que quelques jours avant la fête-Dieu, René duc d'Anjou, roi de Naples et de Sicile, et comte de Provence, ayant reçu une lettre, par laquelle le prince son fils lui écrivait de Calabre qu'il avait besoin de secours, le roi lui répondit qu'il était trop occupé à ordonner la marche de sa procession (dont il était l'instituteur) pour pouvoir penser à autre chose.

Le peuple prenait un tel plaisir à entendre ces pèlerins qu'il se forma des sociétés qui, sous Charles VI, composèrent des pièces distribuées en actes, en scènes, et en autant de différents personnages qu'il était nécessaire pour la représentation. Le premier essai qui s'en fit, eut lieu au bourg St. Maur, et l'on prit pour sujet *la Passion de Notre Seigneur Jésus-Christ*. On joua la même pièce à Paris quelques jours après, et les Parisiens assistèrent à cette représentation avec tant d'affluence, que le prévôt fut obligé d'interdire ce spectacle. Les pèlerins se pourvurent à la cour, et pour se la rendre plus favorable, ils érigèrent leur société en *confrérie*, sous le titre des *confrères de la Passion de Notre Seigneur*. Le roi Charles VI voulut voir quelques-unes de leurs pièces ; elles lui plurent et ils obtinrent des lettres-patentes du 4 décembre 1402, pour leur établissement à Paris. Charles VI leur accorda, par ces lettres-patentes, la liberté de continuer publiquement les représentations de leurs *Comédies pieuses* en y appelant quelques-uns de ses officiers; il leur permit même d'aller et de venir par la ville habillés suivant le sujet et la qualité des mystères qu'ils devaient représenter.

Après cette permissiou, la société de la Passion fonda, dans la chapelle de la Sainte-Trinité, l'exercice de la confrérie. La maison dont dépendait cette chapelle avait été bâtie hors la porte de Paris, du côté de St.-Denis, par deux gentilshommes Allemands, frères utérins, pour y recevoir les pèlerins et les pauvres voyageurs qui arrivaient trop tard pour entrer dans la ville dont les portes se fermaient alors. Dans cette maison il y avait une grande salle que les confrères de la Passion louèrent. Ils y construisirent un théâtre, et y représentèrent leurs jeux qu'ils nommèrent d'abord *moralités*, et ensuite mystères; comme le mystère de la Passion, le mystère des Actes des Apôtres, le mystère de l'Apocalipse, etc., etc. Ces sortes de comédies prirent tant de faveur que bientôt elles furent jouées en plusieurs endroits du royaume, sur des théâtres publics, et la fête-Dieu d'Aix en Provence, en est encore de nos jours un reste ridicule.

Alain Chartier, dans son *Histoire de Charles VII*, parle de l'entrée de ce roi à Paris, en l'année 1437, page 109, et dit que : « Tout au long de la grand'rue de St.-Denis, auprès d'un jet de pierre l'un de l'autre, étaient des échafauds bien et richement tendus, où étaient faits, par personnages, l'Annonciation de N.-Dame, la Nativité de Notre Seigneur, sa Passion, sa Résurrection, la Pentecôte, et le Jugement qui séait très-bien ; car il se jouait devant le Châtelet où est la justice du roi ; et dans d'autres quartiers il y avait plusieurs autres jeux de divers mystères qui seraient trop longs à raconter, et là venaient gens de toutes parts criant *Noël*, et les autres pleuraient de joie. »

En l'année 1486, le chapitre de l'église de Lyon ordonna 60 livres à ceux qui avaient joué le mystère de la Passion de Jésus-Christ ; livre 28 *des actes capitulaires* f° 153 ; de Rubis, dans son histoire de la même ville, *livre 3 chap. LIII*, fait mention d'un théâtre public dressé à Lyon en 1540.

« Et là, dit-il, par l'espace de 3 ou 4 ans, les jours de dimanches et les fêtes, après le dîner furent représentées la plupart des histoires du vieil et du nouveau Testament, avec la *farce au bout*, pour récréer les assistants.

Le peuple nommait ce théâtre le paradis. François Ier qui prenait grand plaisir à la représentation de ces sortes de *comédies saintes*, confirma les priviléges des confrères de la Passion par lettres-patentes du mois de janvier 1518.

Voici le titre de deux de ces pièces qui mettront le lecteur en état de s'en former quelqu'idée : *S'ensuit le mystère de la Passion de Notre-Seigneur Jésus-Christ nouvellement revu et corrigé, outre les précédentes impressions, avec les additions faites par très-éloquent et scientifique maistre* Jehan Michel; *Lequel mystère fut joué à Angiers Moust Triumphamment, et dernièrement à Paris, avec le nombre des personnages qui sont à la fin dudit livre, et font en nombre CXLI,* 1541. 4°.

L'autre pièce contient le mystère des Actes des Apôtres. Il fut imprimé à Paris en 1540, in-4° et on marqua dans le titre qu'il était joué à Bourges. L'année suivante il fut imprimé in-folio à Paris où il se jouait. Cette comédie est divisée en deux parties ; la première est intitulée : *Le premier volume des Catholiques œuvres et actes des Apôtres, rédigés en esprit par St.-Luc, évangéliste et historiographe, député par le St.-Esprit. Icelui St.-Luc escripvant à Théophile avec plusieurs histoires en icelui insérées des gestes des Césars ; le tout veu et corrigé bien et duement selon la vraie vérité et joué par personnages, à Paris, en l'hostel de Flandres, l'an 1541, avec privilége du Roi. On les vend à la grande salle du palais, par Arnould et Charles les Angeliers, frères, tenants leurs boutiques aux premier et deuxième piliers devant la chapelle de messeigneurs les présidents, in-f°.*

La seconde partie a pour titre : *Le second volume du Magnifique mystère des actes des Apôtres, contenant la narration de leurs faits et gestes, selon l'escripture sainte, avecques plusieurs histoires en icelui insérées des gestes des Césars, veu et corrigé bien et duement, selon la vraie vérité et ainsi que le mystère est joué à Paris cette présente année mil cinq cents quarante et ung.*

Cet ouvrage fut commencé vers le milieu du 15ᵉ siècle, par Arnoul Gréban, *chanoine du Mans*, et continué par Simon Gréban, son frère, secrétaire de Charles d'Anjou, comte du Maine. Il fut ensuite revu, corrigé et imprimé par les soins de Pierre Cuevret ou Curet, chanoine du Mans qui vivait au commencement du 16ᵉ siècle.

La représentation de ces pièces sérieuses ou *comédies saintes* dura près d'un siècle et demi; mais insensiblement les confrères de la Passion y mêlèrent, comme je l'ai dit plus haut, *quelques farces tirées de sujets burlesques* qui amusaient beaucoup le peuple et qu'on nommait *les jeux des pois pilés*, apparemment par allusion à quelques scènes d'une de ces pièces. Les confrères de la Passion, gonflés de leurs succès, visèrent à fortune et trouvèrent utile à leurs intérêts de former, l'an 1511, une association, avec le prince des sots et ses sujets; c'étaient *des farceurs qui s'étaient réunis* depuis quelques années *sous le nom d'enfants sans soucis*, pour représenter certaines pièces comiques; ils étaient tous des *enfants de famille*, formés en société, sous l'autorité d'un chef à qui ils avaient donné le titre *de prince des sots ou de la société*. Ils avaient inventé un genre de farce qui renfermait une critique fine et sensée des mœurs du temps. La comédie devint chez nous encore un des organes de *la politique*, comme elle l'avait été pendant long-temps chez les Athéniens. La cour engagea plusieurs fois les poètes comiques à traiter les matières concernant l'état et à parler des circonstances où se trouvait le royaume, *afin de disposer le peuple à la levée des impôts, en le prévenant, l'animant et l'échauffant sur la justice des guerres qu'on entreprenait*. Ce fut dans cet esprit qu'on représenta aux halles de Paris, le mardi gras de l'an 1511, une pièce allégorique, où le pape Jules II, qui avait par sa conduite indisposé Louis XII, fut joué sous *le nom de prince des sots*, accompagné de *mère sotte*, qui voulait se faire passer pour l'Église : et voici une scène de cette pièce approuvée et applaudie alors, et qui serait, de nos jours, réprouvée par nos mœurs.

et sifflée par ceux qui professent les principes d'une saine poétique :

MÈRE SOTTE.

La Tiare en tête, vêtue des habits pontificaux, et dessous habillée en mère sotte :

« Si deussai-je de mort mourir,
Ainsi qu'Abiron et Dathan,
Ou damnée être avec Satan,
Si me viendront-ils secourir ;
Je ferai chacun accourir
Après moi, et me réquérir
Pardon et merci, à ma guise ;
Le temporel veux acquérir
Et faire mon nom florir ;
En bref, voilà mon entreprise.
Je me dis mère Sainte-Église,
Je veux bien que chacun me note,
Je maudis, j'anathémamatise ;
Mais sous l'habit pour ma devise,
Porte l'habit de mère sotte,
Bien fait qu'on dit que je radote
Et que suis folle en ma vieillesse,
Mais grumeler veux à ma porte
Mon fils le prince en telle sorte
Qu'il diminue sa noblesse,
Etc. etc. etc.

Elle tâche, dans une autre scène, d'attirer les seigneurs francais dans son parti, mais voyant qu'elle n'y peut réussir, elle adresse la parole à ceux du clergé qu'elle a séduits et leur dit :

Prélats, debout, alarme, alarme !
Abandonnez église, autel ;
Que chacun de vous soit bien farme,
Que l'assaut aux princes l'on donne,
J'y veux être en propre personne.
A l'assaut, prélats, à l'assaut.

Les prélats attaquent les seigneurs francais qui les repoussent et les chassent du théâtre, après les avoir battus ; on examine ensuite de plus près mère sotte ; on reconnaît qu'elle n'est point l'Église ; on se moque d'elle et on lui ôte la tiare et les habits pontificaux qu'elle profanait.

Certes voilà des scènes bien scandaleuses, bien impies, approuvées, voulues par le gouvernement d'alors, tolérées par le clergé et dans lesquelles aucun comédien de nos jours ne voudrait figurer; elles étaient, cependant, exécutées par les associés des *confrères de la Passion*, qui continuèrent encore, pendant quelques temps *de jouer sur le théâtre* de la maison des R. R. P. P. de la Trinité. Cependant en 1546, les religieux de cette maison, fatigués du scandale que ces farces occasionnaient, obligèrent les confrères d'en sortir, en vertu d'un arrêt du parlement de Paris.

Les confrères se retirèrent alors dans une partie de l'hôtel de Flandres où ils établirent leur théâtre; mais ils furent bientôt contraints d'en sortir et finirent par acheter l'ancien hôtel de Bourgogne, où ils continuèrent leurs représentations. Le parlement leur accorda un arrêt le 19 novembre 1548, à condition de n'y jouer que *des sujets profanes, licites et honnêtes*, et leur fit très-expresses défenses d'y représenter aucun *mystère de la Passion, ni autre mystère sacré*, en les confirmant dans tous leurs priviléges, faisant défense à tous autres qu'aux confrères de la Passion de jouer ni représenter aucuns jeux, tant dans la ville, faubourgs que banlieue de Paris, sinon sous le nom et au profit de la Confrérie; ce qui fut confirmé par lettres-patentes d'Henri II, du mois de mars 1559. C'est ici le *troisième âge* ou la *troisième période* de l'existence des *comédiens* en France, et l'origine certaine des *comédiens* de nos jours.

Car il est bien avéré que les *Confrères* étaient de *vrais comédiens*, montant sur le théâtre et débitant des scènes. Le parlement, dans sa sagesse, leur fit défense de représenter des mystères ; mais il les autorisa à jouer des sujets profanes, et l'arrêt du parlement est confirmé par des lettres patentes du roi. Par conséquent *la comédie fut donc instituée, approuvée et consentie* par les autorités suprêmes du royaume, et les comédiens en rapports directs avec elles, et ayant leurs priviléges consacrés.

Les confrères de la Passion, devenus riches, cessèrent de monter sur le théâtre; mais comme ils avaient le privilége spécial pour jouer la comédie, ils cédèrent ce privilége, ainsi que l'hôtel de Bourgogne, à d'autres comédiens qui se formèrent alors; ils eurent soin, dans leur cession de se réserver deux loges, pour eux et leurs amis; c'étaient les plus proches du théâtre, distinguées par des barreaux; on les appelait loges des maîtres.

La farce de *Patelin* y fut jouée ; mais

le premier plan de la *comédie profane* est dû à Étienne Jodelle qui composa la pièce intitulée la *rencontre*, qui plut fort à Henri II, devant lequel elle fut représentée en 1552, sur les théâtres des colléges de Reims et de Boncourt: *Cléopâtre* et *Didon* sont deux tragédies du même auteur qui parurent des premières sur le théâtre, en place des tragédies saintes.

Le roi de France, Henri III, avait un tel goût pour les représentations des comédiens, pour les chants, danses et ballets, qu'il fit venir de Venise les comédiens italiens nommés *Gli Gelosi*, qui ouvrirent leur théâtre le dimanche 29 mai 1577, en l'hôtel du Petit-Bourbon, à Paris. Ils introduisirent dans leurs pièces des pantomimes, et formèrent un spectacle tout nouveau et jusqu'alors inconnu en France. Le 26 juin, le parlement, assemblé aux mercuriales, fit défense aux *Gelosi* de ne plus jouer leurs comédies qui se trouvaient mêlées de trop d'obscénités. Le samedi, 17 juillet, les comédiens, après avoir présenté à cette cour les lettres-patentes qu'ils avaient obtenues du roi afin de donner leurs représentations, *nonobstant toutes défenses, furent renvoyés par fin de non-recevoir, et défense à eux faite de plus obtenir et présenter de telles lettres-patentes sous peine de dix mille livres parisis d'amende applicables à la boîte des pauvres.* Malgré cette défense, au commencement de septembre suivant, ils recommencèrent *à jouer leurs comédies*, en l'hôtel de Bourbon, comme auparavant, *par la jussion expresse du roi.*

A peu près à la même époque parut encore une nouvelle troupe de *comédiens*, auxquels on ne pensa certainement pas d'appliquer les canons des conciles d'Elvire et d'Arles; c'étaient les *clercs de la Basoche* qui s'étaient rendus recommandables depuis long-temps à cause de leur poésie, et qui s'étaient constitués *vrais comédiens*, en obtenant la permission de jouer leurs ouvrages qui étaient connus sous le nom *de pièces de moralités*, dans lesquels ils personnifiaient les vertus et les vices. Ils y joignirent des farces qui étaient des pièces de satires contre ce qu'il y avait à Paris de plus respectable par le rang et la naissance. Cet abus fut réprimé. Le parlement, en continuant de permettre aux Basochiens de *jouer des farces*, leur ordonna de réprimer tout ce qui pourrait blesser la réputation des particuliers et choquer la pudeur. Leur théâtre fut établi l'an 1580, sur la table de marbre dans la grande salle du palais. Cette table servait autrefois *à des festins que les rois donnaient à des empereurs et à d'autres souverains qui* passaient par leurs états.

En 1596, quelques comédiens de province étant venus à la foire Saint-Germain, se prévalurent des franchises ordinaires de cette foire pour donner au peuple des divertissements comiques et y dressèrent un théâtre. Les autres comédiens qui s'étaient établis à Paris avec privilége trouvèrent mauvais que d'autres voulussent amuser le public. Les acteurs forains eurent des partisans qui les soutinrent contre les entreprises de leurs adversaires et, malgré tout ce qu'on put faire pour empêcher les derniers venus de jouer sur un théâtre, ils continuèrent leurs représentations pendant tout le temps de la foire, et c'est de là que les spectacles forains ont pris naissance. Le parlement avait permis, seulement, à ces comédiens de province, de jouer *à la foire* Saint-Germain, à la charge de payer, par chacune année qu'ils joueraient, deux écus aux administrateurs *de la confrérie de la Passion*. Cette clause prouve encore que les confrères de la Passion, *nos premiers vrais comédiens*, continuaient, quoiqu'ils fussent d'institution pieuse, de tirer un tribut de leurs anciens priviléges, quoique par arrêt du parlement de Paris, toutes les pièces jouées alors, fussent tout-à-fait profanes.

En 1609, une ordonnance de police défendit à tous les comédiens de représenter *aucunes comédies ou farces* qu'ils ne les eussent communiquées au procureur du roi.

Donc les *comédies ou farces* jouées

sur nos théâtres avaient déjà reçu la sanction de l'autorité légale, avant que de se trouver dans la bouche de nos comédiens; ils ne pouvaient donc plus être frappés de l'excommunication du concile d'Arles fulminée en 314 contre les jongleurs et bateleurs, parce que les procureurs du roi qui autorisaient légalement, en 1609, les dites comédies ou farces, eussent été beaucoup plus coupables et beaucoup plus passibles de la dite excommunication que les comédiens qui ne tenaient leurs pièces de théâtre que de leurs mains, et on n'a jamais vu de *procureurs du roi* excommuniés par l'Église pour avoir donné l'approbation et l'autorisation aux comédiens de jouer les dites pièces de théâtre.

Enfin on finit par réunir les revenus des confrères de la Passion, à l'hôpital général

Ainsi l'institution de nos premiers comédiens, prise dans une *origine pieuse*, fournit encore au soulagement des malades et rend son principe plus sacré, en même temps qu'il devient utile à la morale publique.

En 1660, il fut permis à une autre troupe de comédiens de *province*, d'élever un théâtre au marais dans une maison connue sous le nom *d'hôtel d'argent*, au coin de la rue de la Poterie, près de la Grève, mais toujours *sous la condition qu'ils paieraient par chaque représentation un écu tournois, aux confrères de la Passion*. Le mérite des acteurs et le choix de leurs pièces leur donna beaucoup plus de vogue que n'en avaient les troupes, et comme ils se trouvaient trop à l'étroit dans ce local, ils louèrent un jeu de paume dans la vieille rue du Temple, et s'y établirent, avec la permission de l'autorité. On joua à *l'hôtel d'argent* les pièces de Jodelle, de Garnier ou de leurs semblables, quand *Corneille* vint à donner sa *Mélite* qui fut suivie du *Menteur*, pièce de caractère et d'intrigue. Ce fut alors que le théâtre commença à prendre un meilleur aspect et à faire un choix plus noble dans les pièces qui s'y représentèrent.

Cette même année 1660, l'infante d'Espagne Marie Thérèse, princesse d'une piété exemplaire et femme de Louis XIV, avait emmené avec elle des comédiens espagnols qui restèrent douze ans à Paris, *avec pension du roi*. Mais ils ne purent s'y soutenir, parce que personne ne fréquentait leurs représentations.

De nouveaux comédiens arrivés de province, élevèrent, en 1584, un autre théâtre dans la grande salle de l'hôtel de Cluny, rue des Mathurins. Mais le parlement, choqué que cette troupe osât, de sa pleine autorité, donner des spectacles au public, rendit un arrêt qui défendit à ces comédiens de continuer leurs représentations; il en avait été de même en 1632 pour une pareille troupe qui avait paru momentanément rue Michel-le-Comte.

Enfin parut Molière, le plus parfait de nos poètes comiques et de nos comédiens illustres, qui a remporté le prix de son art, malgré ses jaloux et ses contemporains. Il fit dresser, en 1658, un théâtre au Louvre (le palais de nos rois), dans la salle des gardes. L'ouverture en fut faite en présence du roi et de *toute la cour*; les premières pièces qu'on y donna furent la tragédie de *Nicomède* et une farce intitulée *les Docteurs amoureux*. Le théâtre du *Petit-Bourbon*, vis-à-vis de Saint-Germain l'Auxerrois, fut donné ensuite à Molière qui y joua pour la première fois, dans la même année 1658, le 3 novembre ; sa troupe débuta par l'*étourdi* et le *dépit amoureux*. Mais le roi ayant fait démolir, en 1660, le Petit-Bourbon, pour bâtir la belle façade du Louvre, donna la salle du Palais-Royal à Molière, dont la troupe prit, en 1665, le titre de *troupe du roi*. Après la mort de Molière, arrivée le 17 février 1673, la salle du Palais-Royal fut donnée par Louis XIV, au célèbre Lulli, pour établir l'opéra.

Ainsi les comédiens du troisième âge, loin d'être repoussés et proscrits par la puissance séculière, sont au contraire institués et protégés par elle ; c'est pour le roi, c'est pour la cour, c'est pour la nation entière que la comédie est représentée et que les comédiens agissent; partout ce plaisir utile aux grands et au peuple, se propage et s'épure, partout il est accueilli, comme un premier besoin de délassement public et de redressement des vices et des ridicules qui inondent la société; on l'invoque, non-seulement, pour l'agrément, mais encore pour la morale et l'épurement des mœurs.

Nos rois Charles V, Charles VI, Louis XII, François I, Henri II, Henri III, Henri IV, Louis XIV et Louis XV, héritiers du trône de Charlemagne, changèrent, à l'égard des comédiens, la législation de ce monarque, comme ils avaient été forcés de le faire pour une infinité d'autres objets de leur gouvernement, parce que, dans la marche successive des siècles, ce qui a été utile, nécessaire, dans un temps, est obligé de subir des réformations ou des changements dans un autre; or les histrions ou bateleurs, condamnés par les conciles d'Elvire et d'Arles, déclarés infâmes par Charlemagne, étant tout-à-fait éteints et anéantis, il était indispensable d'adopter une autre législation pour les confrères de la Passion, comédiens d'origine pieuse qui présentaient au gouvernement une garantie réelle et les moyens d'amuser un grand peuple, chez lequel s'était développé l'amour du théâtre et de sa poésie; cette législation *nouvelle* à l'occasion de ces comédiens *nouveaux*, a toute l'authenticité, tous les caractères voulus par nos sages institutions. Les ordonnances, les diplômes, les lettres-patentes de nos rois, les arrêts de nos parlements, les ordonnances et réglements de police, enfin toutes les autorités suprêmes de notre législation réglée et de notre administration publique, se sont réunies dans les actes légaux de leur ressort et de leur attribution, pour constituer de consacrer, en France, cette nouvelle profession; et ceux qui l'exercèrent dans la suite furent non-seulement, appuyés et couverts de la protection de nos lois, mais ils obtinrent encore les suffrages flatteurs, honorables et encourageants de nos princes, des grands de leur cour et de toute la nation.

On fit plus: on réserva à la profession de *comédien*, un privilége des plus considérables dont on priva les professions des commerçants, négociants, manufacturiers, marchands, artisans ou fermiers de biens ruraux, celui de ne point déroger à la *noblesse*; ainsi les nobles et damoiselles qui devinrent acteurs, actrices, danseurs et danseuses de l'opéra furent maintenus dans leur noblesse, tandis que les nobles et damoiselles qui embrassaient le commerce, les arts, ou se rendaient fermiers de biens ruraux, la perdaient de droit; donc que les comédiens du troisième âge n'étaient plus considérés comme frappés d'infamie par Charlemagne, puisqu'ils conservaient dans l'exercice même de leur profession, un privilége qui était refusé aux classes les plus estimables et les plus utiles de la société!.. (Ordonnance de Louis XIII, 16 avril 1641, régistrée au parlement.)

Josias de SOULAS, sieur de FLORIDOR, gentilhomme languedocien, mais comédien de la troupe royale de l'hôtel de Bourgogne, où il parut avec éclat en 1643, fut inquiété à l'occasion de la recherche faite en 1666 contre les usurpations de la noblesse. Le traitant lui intenta un procès dans lequel il intervint en faveur de ce comédien un arrêt du conseil d'état du roi, rendu en 1668 et dont voici le précis :

« Sur la requête présentée au roi en son conseil, par Josias de Soulas, écuyer, sieur de Floridor, contenant qu'il a été assigné par devant les sieurs commissaires généraux, députés par sa majesté à la suite de son conseil pour la recherche des usurpateurs de noblesse de la ville et faubourgs de Paris, pour représenter les titres en vertu desquels il prend la qualité d'écuyer; et bien qu'il soit véritable que Lazarre Victorin de Soulas, écuyer, sieur d'Jolata, son bisaïeul, capitaine d'une compagnie de chevau-légers allemands, et faisant profession de la religion prétendue réformée, fut enveloppé dans la disgrace de l'amiral de Châtillon, duquel il avait été nourri page, dans la maison duquel il fut massacré et tué avec le dit sieur amiral, par le malheur que personne n'ignore dans le royaume; que Jean de Soulas son fils, lors cornette de cavalerie, ayant appris la mort de son père fut obligé de se retirer à Genève, et depuis à Lausanne, au canton de Berne, avec sa famille où il a toujours depuis vécu noblement : que George de Soulas, son second fils, père du suppliant, après avoir achevé ses études à Bâle en Suisse, vint en France au commencement du règne de Henri le Grand, où il eut le bonheur d'être placé auprès de madame la duchesse de Bar, sœur de S. M. en qualité de ministre de la R. P. R, après le décès de laquelle il se maria en la province de Brie, où il embrassa la vraie religion; et quelques temps après plaça le dit suppliant, son fils aîné, dans les gardes du roi Louis XIII, où il porta le mousquet dans la compagnie de M. de la Besne, et depuis servit en qualité d'enseigne dans le régiment de Rambure et après la réforme de quelques compagnies de ce régiment, lui fit prendre le parti de la comédie, dans laquelle il a *servi* depuis vingt-cinq ans, comme il fait encore à présent au divertissement de sa majesté. Néanmoins parce que les titres de la noblesse du dit suppliant sont dès-lors demeurés entre les mains de Josias de Soulas, oncle du dit suppliant, comme aîné et chef de la maison, lequel, dans le même temps de la retraite du dit Georges son cadet, père du suppliant, en Suisse, se retira en allemagne, où il fut fait page de l'électeur Palatin du Rhin et depuis capitaine de cavalerie dans les troupes du duc de Savoie, où il se maria, après avoir aussi embrassé la vraie religion: cet établissement hors du royaume, du dit Josias, aîné et chef de la famille, saisi et en possession de tous les titres justificatifs de leur noblesse, a réduit jusqu'à présent le dit suppliant dans l'impossibilité de leur représentation par devant les dits sieurs commissaires: requérait le suppliant à ce qu'attendu qu'il ne peut abandonner le *service* de S. M. que dans la mi-carême prochain, il plût à S. M. lui accorder un délai d'un an pour rapporter par devant les dits sieurs commissaires, les titres justificatifs de la dite noblesse, etc. Ouï le rapport du sieur d'Aligre, conseiller ordinaire de S. M. en ses conseils et directeur de ses finances, commissaire à ce député et tout considéré : le roi, en son conseil royal des finances, ayant égard à ladite requête, a donné et donne délai d'un an au suppliant pour rapporter les titres justificatifs de sa noblesse par devant les dits sieurs commissaires généraux; et cependant fait défenses au dit Scard et autres, commis à la recherche des usurpateurs de noblesse, de ladite ville et faubourgs de Paris, de faire aucunes poursuites ni contraintes pour raison de ladite qualité d'*écuyer*, contre le dit suppliant, à peine de nullité, cinq cents livres d'amende, dépens, dommages et intérêts. Fait au conseil d'état du roi, etc.

Il est donc constant, par l'ordonnance de Louis XIII, et par l'arrêt précité, que les comédiens ne *dérogeaient* point à leur noblesse, et qu'ils se trouvaient investis d'un des plus beaux privilèges du temps; on sera bien plus étonné d'apprendre que non-seulement cette profession conservait ses droits à l'égard de la noblesse, mais encore qu'elle y conduisait par fois; car le célèbre *Lulli*, attiré d'Italie par le prince de Guise, et encouragé par les bienfaits de Louis XIV; *Lulli*, ayant joué comme acteur dans *Cariselly* et dans *Pourceaugnac*, reçut un jour les félicitations du monarque. Il profita de cette occasion pour lui dire : *Sire, j'avais dessein d'obtenir une charge de secrétaire du roi; mais ses officiers ne voudront pas me recevoir parmi eux. — Ils ne voudront pas vous recevoir, reprit le roi; ce sera bien de l'honneur pour eux. Allez, allez, voyez M. le chancelier.* Il fut effectivement reçu dans cette charge qui donnait tous les privilèges de la noblesse.

Par conséquent les comédiens du

troisième âge, issus des confrères de la Passion, jouissaient, dans notre législation, et dans la protection de nos princes, de tous les priviléges et de tous les droits civils qui honorent l'homme en société.

Ils étaient employés par l'état, régis par les lois de l'état, et les réglemens de police; ils étaient pensionnaires de l'état, attachés au service des princes et faisant partie du service de leur maison; ils avaient des diplômes spéciaux à cet effet, et recevaient encore des pensions sur la cassette du roi; l'érection des théâtres, de ces monuments superbes qui embellissent nos grandes villes et fixent l'œil du voyageur, en constatant nos progrès dans l'architecture, avait lieu aux dépens de l'état; les décors de l'intérieur de ces théâtres, l'organisation de leur orchestre, l'administration de ces établissements publics, avaient encore lieu aux frais de l'état et par sa propre impulsion ; donc que les comédiens exerçaient une profession voulue, avérée et protégée par nos lois et nos souverains.

Cet état de choses ne s'est-il pas prolongé jusqu'à nos jours, et ne voyons-nous pas dans les comédiens, des hommes jouissant de tous leurs droits civils, comme les autres citoyens du royaume, comme les autres sujets du roi ?

Ils sont inscrits dans les registres de l'état civil comme les autres citoyens ;

Ils sont admis à posséder, plaider, et témoigner comme les autres citoyens ;

Ils paient leurs contributions au même tarif que les autres citoyens ;

Ils satisfont à la conscription comme les autres citoyens ;

Ils font le service de la garde nationale comme les autres citoyens ;

Ils sont admis dans les votes des assemblées publiques, aux mêmes conditions et avec les mêmes avantages que les autres citoyens ;

Et ce qu'ils font de plus que les autres citoyens, c'est qu'ils affectent une partie de la recette produite par leurs travaux à la caisse des pauvres de la capitale et des différentes villes dans lesquelles ils exercent leur profession.

Certes voilà des citoyens réels, institués avec tous les caractères sacramentels de nos lois, et voilà cependant des hommes auxquels le clergé, en perpétuant une erreur grave, voudrait faire la fausse application des foudres d'Elvire et d'Arles !....

Le clergé n'est point fondé dans cette application, et je vais me faire un devoir de le lui démontrer.

Les *agitatores* et les *theatrici* frappés d'excommunication par les conciles d'Elvire, en l'an 300, et par le concile d'Arles, en l'an 314, les jongleurs et les bateleurs notés d'infamie par Charlemagne, en 789, étaient totalement éteints avant l'avénement au trône de Hugues Capet, ainsi que je l'ai dit plus haut; en conséquence les effets de la législation rigoureuse de la puissance ecclésiastique et de la puissance séculière, à leur égard, demeurent donc sans motifs aujourd'hui et ne peuvent être appliqués à une autre classe de *comédiens* qui, bien loin de prendre son origine dans des hommes obscènes et réprouvés, la puisent dans une source pieuse, et dans une confrérie de la Passion de N. S. Jésus-Christ.

Cela est si vrai que les confrères aïeux de nos comédiens avaient, lors de leur institution, la protection immédiate du clergé; que le clergé, loin de faire à nos *confrères comédiens* l'application des canons des conciles d'Elvire et d'Arles, leur ouvrit ses églises pour y donner leurs représentations, et que les ecclésiastiques remplirent eux-mêmes des rôles, dans ces diverses comédies, de concert avec les comédiens de ce temps, et ce, au mépris du onzième canon du troisième concile de Carthage tenu l'an 397, qui porte *que les ecclésiastiques ne donnent point des spectacles mondains; qu'ils n'y assistent même pas.*

Les prêtres, les ecclésiastiques eux-mêmes sont donc devenus les protecteurs, les instigateurs, les co-associés des ancêtres de ces comédiens;

sur lesquels ils voudraient aujourd'hui appeler l'opprobre et la réprobation! Ces prêtres, ces ecclésiastiques ont été *comédiens ;* ils ont co-participé à la fondation des comédiens du troisième âge; ils l'ont fait à la vue de tous les fidèles, et par un mouvement rétrograde de leurs propres actions, par une inversion totale de leur conduite, ils prétendraient frapper de mort, et d'une mort éternelle, ceux auxquels ils ont donné la vie!... Cette conduite est hors de tout principe de religion et d'équité, elle est même coupable et répréhensible.

L'autorité séculière voyant l'autorité ecclésiastique accorder aux comédiens du temps une protection aussi publique et aussi manifeste, suivit la même marche, et, considérant que la législation de Charlemagne n'était pas plus applicable aux comédiens d'alors que celle des conciles d'Elvire et d'Arles, imita le clergé et accorda toute sa protection à ces mêmes comédiens; elle fit plus; le clergé ayant laissé introduire des abus horribles, elle les réprima; elle fit défendre *aux prêtres de n'être plus comédiens*, et fit cesser des scandales épouvantables auxquels les ecclésiastiques donnaient lieu, dans ces sortes de représentations; elle ordonna même que ces comédies pieuses cesseraient tout-à-fait, et régla, pour l'avenir, le genre fondamental des pièces de théâtre.

Voilà donc les comédiens et les pièces de comédies sortis du cercle des prêtres, et de l'enceinte des églises, pour être portés, par la volonté de nos princes, par les arrêts de nos parlements, d'une manière plus honorable, plus morale, sur nos théâtres publics.

Ici les comédiens cessent et doivent cesser totalement d'avoir rien de commun à raison de leur profession, avec le clergé; ils appartiennent en tout à l'autorité civile, et leur profession devient légalement une profession dans l'état.

Par quelle réminiscence, par quel délire d'un abus de pouvoir, le clergé a-t-il prétendu, dans la suite, avoir à exercer une action rétroactive et réprobative sur les comédiens qu'il avait créés lui-même?

Les rois de France sont maîtres chez eux; ils ne sont soumis à aucune puissance qui puisse, qui ait le droit de contrarier leur législation, leurs institutions; les seuls guides qu'ils consultent et qu'ils appellent à la confection de leurs lois sont leurs parlemens, leurs assemblées législatives; et du moment où ces parlemens, ces assemblées législatives ont soutenu, de leur enregistrement ou de leurs votes, les actes émanés du souverain ou proposés par lui, la loi est parfaite, irréfragable, et nulle autorité dans l'état, ou hors de l'état, n'a le pouvoir d'infirmer, de blâmer, de condamner ce qui a été fixé par la loi; il en était ainsi dans notre monarchie ancienne, il en est ainsi dans notre monarchie restaurée.

Or, puisque nos rois, nos lois et nos réglements de police ont fondé de magnifiques théâtres, créé des comédiens, institué une administration royale qui les régit, et porté toutes ces dépenses publiques dans le budget de l'état, de quel droit le clergé voudrait-il aujourd'hui exiger d'un citoyen *l'abjuration* d'une profession voulue par nos autorités suprêmes, et protégée par elles de la manière la plus légale? Alors le roi et nos assemblées législatives rencontreraient dans l'état une *puissance supérieure* à la leur, qui frapperait d'opprobre, de mépris public et d'une damnation éternelle, ce qu'ils auraient institué, consacré et honoré; alors le souverain et les lois seraient cruellement insultés par le clergé qui repousserait avec indignation, avec condamnation terrible, ce que le prince et la loi auraient cru utile d'instituer et de protéger, pour le bien ou pour l'illustration du pays; alors la puissance ecclésiastique serait tout dans l'état, et le souverain et les législateurs de la France n'y joueraient plus qu'un rôle secondaire!...

Il est donc impossible que le clergé, d'après nos institutions anciennes, d'après nos institutions nouvelles, puisse se permettre d'exiger d'un comédien l'abjuration de sa profession, parce que cette profession est voulue par le prince, consacrée par ses propres diplômes et autorisée par le vœu des législateurs, par les arrêts de nos parlements et par les réglements de la police du royaume; et si le clergé persistait à exiger cette *abjuration*, il se mettrait *en plein délit* contre la puissance du prince et celle des lois; alors messieurs les *procureurs du roi* devraient informer de *ce délit*, le dénoncer aux tribunaux et faire condamner les délinquants. C'est leur devoir, attendu qu'ils sont eux-mêmes institués pour faire respecter tout ce que les souverains et les législateurs ont voulu et créé, et qu'il n'y a pas *de délit plus avéré, d'infraction plus complète aux lois du royaume* que d'exiger une *abjuration* de ce que le souverain et les lois ont établi.

S'il en était autrement, MM. les procureurs du roi se rendraient coupables de laisser dans l'état une puissance qui *usurperait* sur la puissance legitime et régulière, et qui fatiguerait, tourmenterait et condamnerait des citoyens dont ils sont *les protecteurs nés*, du moment où le prince et les lois du royaume ont parlé en faveur de leur institution et de leur profession.

Ainsi, puisque le clergé ne peut exiger *l'abjuration* des comédiens, sans se constituer en délit, en rébellion contre la volonté du prince et des lois, le refus d'admettre leurs corps à l'église ne peut non plus avoir lieu de la part de ce même clergé.

Car ce refus de recevoir à l'église les corps des comédiens décédés est une conséquence *de la réprobation de cette profession* par le clergé, et il arriverait qu'il ferait application de la peine d'une manière *plus outrageante encore* pour le prince et pour les lois que pour les comédiens mêmes. Il se constituerait par le fait puissance législative et exécutive dans l'état, et punirait dans le corps mort d'un citoyen, le zèle, le dévouement que ce même citoyen aurait apporté pendant sa vie à remplir une profession que le prince aurait voulue et que les lois auraient consacrée ; ce clergé serait donc en *délit permanent* contre la puissance législative et exécutive du royaume ?

Quoi ! le roi et les législateurs auraient honoré un comédien pendant toute sa vie, ils lui accorderaient même des regrets à sa mort, enverraient consoler sa veuve et lui faire promesse d'une pension, lorsque tout-à-coup ces justes effets de la puissance souveraine se trouveraient anéantis, obscurcis, déshonorés même, par la réprobation d'un prêtre qui leur dirait : *Ce que vous avez voulu, ce que vous avez honoré, ce que vous regrettez même, va être réprouvé, couvert d'un mépris public et frappé d'une damnation éternelle par ma seule et propre volonté....* alors le prêtre serait, dans l'état, beaucoup plus puissant que le prince et les lois!...

Le refus de sépulture est, ne nous le dissimulons pas, ainsi que je l'ai dit plus haut, plus outrageant pour l'autorité du prince, que pour le comédien même; car si la classe des personnes dévotes est considérables et que le prêtre, à ses yeux, improuve et condamne hardiment ce que le prince a voulu et honoré, dès-lors cette classe nombreuse qui est cependant *sujette du prince*, acquiert la conviction publique et manifeste que le prince et les lois veulent et protègent des choses et des hommes que la religion réprouve et condamne, et qu'il faut plutôt tourner ses regards et ses respects vers le prêtre que vers le prince et les lois! Cet acte donc met le prince et les lois en contradiction avouée avec la religion et atténue le respect inviolable que les peuples doivent à la personne sacrée du roi. Les prêtres trouvent *des torts* aux institutions des gouvernements, ils les punissent, à la vue du peuple; donc que les prêtres finiraient par se mettre au-dessus du roi et des lois, si on leur permettait désormais de réprouver encore ce que les lois ont institué. MM. les procureurs du roi ont ici la même action que pour *l'abjuration*, et ils doivent informer à l'égard du refus de sépulture, attendu que ce refus est un acte d'opprobre public, imprégné à une profession consacrée par la volonté du prince et par les législateurs, et que les prêtres n'ont pas le droit d'improuver ce qui a été institué par les lois du royaume, par la volonté et les diplômes du roi ; et s'il y a *délit* bien constaté de la part du prêtre qui exige l'abjuration, il y a *délit réel* de la part du prêtre qui refuse la sépulture, car le refus de la sépulture n'est que la conséquence de la *non-abjuration*, et c'est la non-exécution du premier *délit* qui porte naturellement au second, et le fait ainsi consommer par les ecclésiastiques.

Il y a plus : supposons que ce soit le corps *d'un comédien pensionnaire de l'état* qu'on présente à l'église ; la classe nombreuse des dévots, attentive à l'action du prêtre, se convaincra donc, par le refus de sépulture qui aura lieu, que le roi et l'état ont accordé des pensions, alloué une portion des fonds publics à l'exercice d'une profession honteuse et irréligieuse, et que *l'autorité du prêtre, bien supérieure à celle de l'état,* va *punir,* d'une manière publique et solennelle, l'action du prince, l'action des lois dans le corps mort d'un comédien? N'est-ce pas là censurer avec amertume et irrévérence, non-seulement l'action du prince, mais encore l'emploi qu'il fait des deniers publics, et attirer l'aspect de la multitude sur une faute dont la critique lui fait supporter tout le poids, car le dévot s'écriera tout naturellement: Pourquoi le prince honore-t-il et récompense-t-il avec éclat et munificence celui qui est rejeté de l'église? pourquoi emploie-t-il les deniers publics à des choses sacriléges? et pourquoi commet-il ainsi la censure de ses actions à l'autorité du prêtre qui les blâme et les punit ostensiblement dans la personne de celui qu'il a voulu élever et protéger?«Le prêtre est donc plus réfléchi, plus économe, plus respectable que le prince, et la puissance ecclésiastique est donc bien supérieure à la puissance séculière, puisqu'elle punit ainsi les actes de sa volonté légitime?» Voilà les pensées et les discours séditieux et coupables qui dérivent nécessairement de la conduite des prêtres et qui portent les dévots sujets du roi, soumis comme les autres citoyens aux lois du royaume, à blâmer les actes du roi et les lois, qu'ils voient punis par les prêtres, tandis qu'à l'instar des autres citoyens ils devraient les honorer et les respecter.

Il est donc on ne peut plus dangereux de laisser propager une usurpation de pouvoir, qui met le clergé au-dessus du prince et des lois et qui lui donne les moyens terribles de punir audacieusement et publiquement, ce que le roi et les lois constituent et protégent.

La religion est dans l'état, et ce qui le prouve, c'est la volonté du prince manifestée dans l'article 6 de la charte constitutionnelle qui porte : *La religion catholique, apostolique et romaine est la religion de l'état.*

C'est donc par la volonté et l'autorité du prince que la religion existe dans l'état; car si cette volonté avait été contraire, cette religion n'y existerait pas, ou du moins elle n'aurait pas la supériorité que cet acte lui donne; par conséquent, la religion n'est là que parce que le prince l'a voulu, c'est sa puissance qui l'a instituée religion de l'état; or, la puissance qui institue est toujours la puissance supérieure, et le clergé qui doit son institution à cette puissance supérieure ne peut, ni ne doit, ni la censurer, ni la blâmer, ni la punir; les prêtres, naissent non-seulement sujets du roi et soumis à toutes les lois du royaume, comme les autres citoyens, mais ils ne peuvent, dans l'exercice de leurs fonctions, rien faire, rien articuler qui soit contraire à la volonté du prince et aux lois de l'état, et ils sont d'autant moins autorisés à frapper de réprobation la profession de *comédien qu'ils l'ont propagée dans les siècles précédents*, et qu'ils n'ont pas craint *de la professer eux-mêmes* accidentellement.

Si MM. les procureurs du roi laissaient propager une telle usurpation de pouvoir, les comédiens se trouveraient dans une position tout-à-fait différente des autres citoyens, car ils seraient non-seulement soumis quant au civil et au criminel, à tous les juges institués par nos codes, mais ils auraient, en outre, plus de 30 ou 40,000 juges dans autant de curés répandus sur la surface du royaume qui leur demanderaient compte de la profession qu'ils auraient exercée et les forceraient ou à en faire *abjuration*, ou à courir les risques d'être *punis* dans leur personne *décédée* pour avoir exercé cette même profession; cet état de choses est réellement hors de la ligne de notre législation d'après laquelle tous les sujets du roi ne sont comptables de leur profession que devant les juges que la loi a institués sur la demande du prince, et hors de ces juges légalement institués, nul n'est tenu de reconnaître un autre tribunal et encore moins de se voir honteusement condamné pour avoir fait ce qui a été permis et voulu par les lois et les actes du prince.

D'ailleurs appliquer une *peine à un corps mort* est un acte qui répugne à nos mœurs actuelles; c'est prolonger la vengeance au-delà des bornes d'une sage législation, c'est outrager la nature en ce qu'elle a de plus respectable; c'est enfin agir contre nos propres lois pénales, et se mettre par une barbarie odieuse, au-dessus des lois de notre pays!....

Ainsi donc les prêtres feraient non-seulement ce qui ne leur est pas permis par notre législation, mais encore ils outrageraient nos mœurs, notre pudeur publique, en frappant d'opprobre un cadavre que tout citoyen se complaît à respecter et pour lequel les sentiments de tout homme instruit dans l'ordre social réclament la vénération et la sépulture ?

Ajouterons-nous à une conduite aussi imprudente, aussi contraire à la charité chrétienne, la *responsabilité* que le prêtre prend sur lui, en rejetant, avec dédain et même avec anathème, le cadavre qui lui est présenté ? Ce prêtre ne sait-il pas qu'une seule pensée, qu'un seul moment d'élévation de l'ame du pécheur vers ce Dieu de bonté, de clémence et de miséricorde que nous adorons tous, suffit pour opérer son salut et pour lui obtenir une place au séjour de béatitude ? Ce prêtre aurait-il assez peu de connaissance de l'esprit humain pour ignorer que rien n'est plus naturel, plus ordinaire à l'homme qui se sent frappé de la mort, que de tourner subitement ses regards vers le créateur du monde, pour implorer sa puissance, sa rémission; et ce mouvement spontané de la créature, vers l'auteur de toutes choses, est la preuve la plus sensible de la vérité, de la sublimité de notre religion et la honte et la confusion des matérialistes! Or, si le comédien, saisi d'une mort presque subite, n'a pas eu le temps de demander un confesseur, mais qu'il ait pu, par un mouvement spontané et tout-à-fait inné dans le cœur de l'homme, adresser à Dieu son acte de contrition, et que Dieu, dans sa toute-puissance tutélaire et miséricordieuse, ait écouté ses paroles de repentir, et appelé son ame à lui; ce comédien, dis-je, verra donc du haut des cieux où il jouit de la béatitude éternelle, son corps profané sur la terre, par le ministre du Dieu même qui lui aura pardonné!.... Ce corps ne recevra pas la sépulture des chrétiens, et l'ame brillera d'un éclat céleste à côté du Dieu des chrétiens!.... Le prêtre sera plus terrible que son maître suprême, il aura préjugé de ses desseins et consommé sa vengeance sur la terre, tandis que le pardon aura placé l'ame dans le ciel!.... Ainsi le prêtre, par cette conduite téméraire, se met au-dessus de Dieu, au dessus de l'autorité des rois, il frappe, il damne, il couvre de mépris et d'opprobre ce que Dieu glorifie, ce que l'autorité des rois honore et protége!... Ce conflit, cet abus de puissance, est donc tout-à-fait contraire à l'esprit de notre sainte religion, et à la volonté de notre législation.

Si ce que je dis ici à l'égard de l'esprit de la religion ne peut suffire pour éclairer le clergé de France, je vais lui citer les propres écrits du cardinal d'Ossat, sur la matière:

« Car dès que le plus criminel des pécheurs veut sincèrement rentrer dans la voie du salut, Dieu le reçoit avec bonté, puisque lui-même prend la qualité de médecin. Comment se pourrait-il faire qu'il guérît le corps, la partie la plus vile de l'homme, *et qu'il ne délivrât pas l'ame*, infiniment plus digne de lui, et qu'il a rachetée de son propre sang ; cette clémence s'étend surtout au pécheur *hérétique, apostat et souillé des plus grands crimes.* Dieu n'en excepte personne, lui qui a pardonné tous les péchés, et qui peut les pardonner au pécheur le plus endurci dans le crime et à celui qui y aurait persévéré pendant 40 ans et même jusqu'à son dernier soupir. Il y a de l'impiété à désespérer de la miséricorde de Dieu, comme s'il ne pouvait pas secourir en tous temps un homme qui a recours à lui, et délivrer du fardeau de ses péchés celui qui souhaite effectivement de s'en décharger. »

Entendez-vous, prêtres intolérants, la voix d'un de vos prélats, d'un prince de votre Église, qui vous avertit qu'il y a de *l'impiété* à désespérer de la miséricorde de Dieu ; cessez donc de courir la chance de devenir *impies* vous-mêmes en châtiant, sur la terre, le corps d'un homme que Dieu a pu délivrer du fardeau de ses péchés, fût-il, selon le propre dire de ce cardinal, *hérétique, apostat, et souillé des plus grands crimes!* et le comédien que vous repoussez avec tant d'indignation et d'opprobre, loin de se trouver dans une catégorie aussi funeste, est un de vos propres frères en Jésus-Christ, il a reçu le sacrement de baptême, le sacrement d'eucharistie (dans la première communion), et souvent le sacrement de mariage; il est donc uni à cette Église, *hors de laquelle nous reconnaissons qu'il n'y a point de salut*, et dans laquelle nous désirons tous faire notre salut! Mais si avec d'aussi louables intentions, la mort nous frappe inopinément, ne préjugez point de l'élévation de notre ame à Dieu, ne vous chargez pas de sa vengeance, lors même qu'il a pu nous faire miséricorde, et ne souillez pas notre corps qui a été honoré de la protection des lois et du prince, et dont l'ame peut être unie à Dieu, dans le moment même que vous la flétrissez par vos injustes et illégaux anathèmes!...

Plusieurs publicistes ont dit, et je suis d'accord avec eux, que, pour participer aux effets honorifiques et salutaires d'une religion, il fallait en pratiquer tous les devoirs, tous les usages, et que, dans le cas contraire, les ministres de cette même religion avaient toute la compétence nécessaire pour décerner ou refuser ces avantages. Je le répète, je suis entièrement de leur avis, mais ce n'est pas ici le cas de l'application de ces principes. J'en ai déduit plus haut les raisons; le prêtre, dans ses propres fonctions, n'a pas le droit de censurer, de blâmer une profession qui est voulue, autorisée, et spécialement protégée par les actes, les diplômes des princes, et les effets de la législation; ce n'est plus à cause du titre et de la profession de *comédien*, que le prêtre peut frapper un cadavre; la chose n'est plus en son pouvoir; il faut qu'il cherche un autre prétexte plausible, pour appliquer son anathème; il faut qu'il oublie que le *cadavre* a été comédien, s'il ne veut pas se mettre en délit, en rébellion contre l'autorité suprême, et qu'il signifie son refus de sépulture ou d'admission à l'église, en reprochant au cadavre présenté de se trouver dans une des catégories que l'Église condamne et que l'autorité civile n'a pas légitimée par l'expression de sa volonté, par l'effet de sa législation ; alors le refus de sépulture sera légitime, conforme aux lois civiles et ecclésiastiques, et personne n'aura le droit de le trouver mauvais ; le prêtre jouira de toute la plénitude des droits de son ministère, et les fidèles devront sans murmure se soumettre à sa sentence. Ainsi, en ne prononçant jamais le nom de comédien, parce que les procureurs du roi sont là pour le protéger et le défendre, attendu que cette profession est de l'institution du prince et des lois civiles, les prêtres peuvent faire le refus d'admission à l'église, en disant que le cadavre se rencontre dans l'une des catégories suivantes que l'Église réprouve et condamne :

1º Ceux qui manqueront deux dimanches à venir entendre la messe à leur paroisse, *sont nommément excommuniés.* (*Concile de Marciac, diocèse d'Auch, année 1337, canon 4; et Concile in Trullo, canon 80.*)

2º Ceux qui ne communient pas à Noël, à Pâques, et à la Pentecôte, sont excommuniés. (*Concile d'Agde, année 506, canon 18.*)

3º Ceux qui ne confessent pas tous leurs péchés *au moins une fois l'an*, et qui ne reçoivent pas avec révérence le sacrement de l'eucharistie, *au moins à la fête de Pâques, seront privés de l'entrée de l'église pendant leur vie, et de la sépulture chrétienne* à leur mort. (28ᵉ canon du Concile de Latran de l'an 1215.)

4° Ceux qui mangent *de la viande en Carême*, et aux Quatre-Temps, sont excommuniés de plein droit. (*Concile de Valladolid.*, an 1322, canon 16.)

5° Ceux qui mettent de l'art dans la frisure de leurs cheveux sont excommuniés. (*Concile in Trullo* (*in Trullo*, parce qu'il se tenait dans le dôme du palais de Constantinople, nommé Trullus), an 692, canon 96, et au *Dictionnaire des Conciles*, in 8°, édition de 1758, pag. 585.)

6° Les devins, et *ceux qui les consultent*, les meneurs d'ours, les diseurs de bonne aventure, et ces sortes de charlatans sont condamnés à six ans de pénitence. (*Concile in Trullo*, canon 61, et Concile de Rome, an 721.)

7° *Les femmes* qui, sans cause,

ont quitté *leurs maris* pour en épouser d'autres, ne recevront pas la communion, même à la fin. (*Concile d'Elvire, IIIe siècle, canon* 8.)

8° L'usage détestable des duels, introduit par l'artifice du démon pour profiter de la perte des ames par la mort sanglante des corps, sera entièrement banni de toute la chrétienté. Ceux qui se battront et ceux qu'on appelle leurs parrains *encourront la peine de l'excommunication, de la proscription de tous leurs biens, et d'une perpétuelle infamie*. Ils seront punis suivant les saints canons, comme des homicides, et s'ils meurent dans le combat même, ils seront pour toujours privés de la sépulture ecclésiastique. (*Concile de Trente, sess.* 25, *déc. de réf. canon* 19.)

9° *Ceux qui enlèvent des femmes, même sous prétexte de mariage, leurs* complices et leurs fauteurs seront déposés s'ils sont clercs (c'est-à-dire prêtres), et anathématisés s'ils sont laïques. (*Canon de Calcédoine, an* 451, *canon* 27.)

10° *Une mère ou tout autre qui fait* un trafic infâme d'une fille, ne recevra pas la communion, même à la mort. (*Concile d'Elvire, IIIe siècle, canon* 12.

11° Si un usurier persiste dans son iniquité, on le chassera de l'Église. (*Concile d'Elvire, IIIe siècle, canon* 20.)

12° Les *concubinaires*, tant *mariés* que *non mariés*, de quelque état, dignité, et condition qu'ils soient, s'ils ne mettent pas dehors leurs concubines, et ne se séparent pas de tout commerce avec elles, sont excommuniés. (*Concile de Trente*, 24e *sess., can.* 8.)

13° Ceux qui peignent les *Agnus Dei* d'autres couleurs que celles qu'ils ont par la blancheur de la cire dont ils sont faits, sont excommuniés. (*Constit. de Grégoire* 13, *an* 1572; *Dictionnaire des cultes*, tom. 1ᵉʳ p. 49.)

14° Si quelqu'un dit que l'état du mariage *doit être préféré* à la virginité ou au célibat, et que ce n'est pas quelque chose *de meilleur et de plus heureux de demeurer dans la virginité ou le célibat*, que de se marier, qu'il soit anathématisé. (*Concile de Trente*, 24ᵉ session, canon 10.)

Certes voilà un vaste champ ouvert au code pénal de l'Église; mais au moins le comédien, en se trouvant confondu dans la masse énorme des pécheurs de chaque catégorie, ne verra pas sa profession spécialement et uniquement frappée de l'animadversion des prêtres; il aura un sort commun avec tous les autres infracteurs de notre religion et ne subira pas *une spécialité outrageante*, pour avoir exercé une profession dans laquelle il a été institué, soutenu, encouragé et honoré par le prince et nos lois.

Mais examinons donc si cette animadversion des prêtres contre les comédiens n'est pas hors de tout fondement légitime, et entièrement contraire à la propre conduite du clergé, et voyons si ce même clergé ne commet pas l'inconséquence de mettre *deux poids et deux mesures* dans ses propres actions à l'égard des comédiens, actions qui devraient avoir pour base régulatrice une justice absolue, une raison saine, et des sentiments de charité et de pudeur conformes aux dogmes sacrés de notre religion, tandis qu'elles n'offrent au contraire que divergence, déraison, et souvent scandale et folie.

J'ai déjà dit plus haut que les comédiens du troisième âge (ceux de nos jours) avaient été protégés et soutenus dans leur naissance par les prêtres, et que les prêtres, à défaut d'un assez grand nombre de comédiens, avaient souvent rempli des rôles, *et s'étaient* momentanément faits comédiens; qu'ils avaient poussé l'action de leurs rôles à un degré si fort et si outrageant pour la religion dans l'église même, que l'autorité civile, infiniment plus sage que les prêtres et mieux pénétrée qu'eux du respect dû à nos saints mystères, avait arrêté ces débordements scandaleux, et défendu ces sortes de représentations.

Or, puisque les prêtres ont rempli eux-mêmes des rôles de comédiens, qu'ils ont aidé à la propagation de cette profession, n'est-il pas inconséquent à eux de frapper d'anathème ce qu'ils ont fait naître, ce qu'ils ont voulu, ce qu'ils ont en quelque sorte créé ? *l'Eglise a donc deux poids et deux mesures ?* Nous allons nous en convaincre par les faits qui vont suivre :

Le corps de Molière éprouve le refus de sépulture de la part du curé de Saint-Eustache, tandis que le curé de Saint-Joseph la lui accorde. Cependant, ce sont des ministres de la même religion !...

Molière, le plus estimable de nos comédiens et de nos auteurs comiques, est repoussé de l'église, tandis que *Turlupin, Gautier-Gargouille, Gros-Guillaume, Guillot-Gorju, Raymond, et Poisson* inventeur du personnage et du rôle de Crispin, sont enterrés tous cinq dans l'église même de Saint-Sauveur à Paris ; tandis que

Jaquenin, *Jadot* et *Locatelly* dit *Trivelin*, sont inhumés dans l'église même des Grands-Augustins; et cependant certains d'entre eux avaient exercé leur profession pendant plus de cinquante années!...

Molière est persécuté, proscrit par les prêtres et par les jésuites;

Et ce sont des jésuites et des évêques qui lui font les plus belles épitaphes, pour le venger des injustices qu'il éprouve. Voici celle du père Bouhours, l'un des jésuites les plus instruits de son temps, l'auteur des Vies de St. Ignace et de St. François Xavier, et d'une traduction du Nouveau Testament:

« Tu réformas et la ville et la cour,
Mais quelle en fut la récompense?
Les Français rougiront un jour
De leur peu de reconnaissance.
Il leur fallut un Comédien.
« Qui mit à les polir sa gloire et son étude;

Mais, Molière, à ta gloire il ne manquerait rien,
Si, parmi les défauts que tu peignis si bien,
Tu les avais repris de leur ingratitude. »

C'est donc l'historien du *grand St. Ignace de Loyola*, fondateur de la congrégation des jésuites, qui proclame à la génération d'alors et à la postérité : *Que les Français rougiront un jour de leur ingratitude envers ce comédien,* envers cet auteur célèbre, et il grave sur l'airain cette grande vérité.

Le vénérable évêque d'Avranches, M. Huet, sous-précepteur du dauphin, prélat plein d'humilité, qui abandonna l'épiscopat pour se retirer en la maison professe des jésuites de Paris, crut aussi devoir payer un juste tribut d'éloges à la mémoire du père de la comédie française ; ainsi, celui que Louis XIV avait appelé *le législateur des bienséances du monde et le censeur le plus utile des ridicules de ses sujets*, trouva des apologistes dans les gens sensés de l'Église, lorsqu'il était en même temps frappé d'anathème par les ecclésiastiques les plus ignorants!....

Les prêtres proscrivent les théâtres et les comédiens, et c'est le cardinal Lemoine, prince de l'Église et légat du pape Boniface VII, en France, qui acheta l'hôtel de Bourgogne pour le donner aux premiers comédiens qui parurent en ce royaume.

C'est le cardinal de Richelieu, prince de l'Église apostolique et romaine, qui, sur les plaintes de ces comédiens, à l'égard d'une troupe de *bouffons* qui venaient de se fixer à Paris, répondit sur la demande des premiers qui voulaient s'opposer à cet établissement, *qu'il ne fallait jamais condamner personne sans l'entendre*, et ce prince de l'Église manda par devers lui ces bouffons, pour écouter leurs dires; ils eurent l'honneur de donner, en présence de son éminence, dans une *alcôve* du Palais-Royal, où ils se surpassèrent, la scène de Gros-Guillaume en femme, fondant en larmes, pour tâcher d'apaiser la colère de Turlupin, son mari, qui, le sabre à la main, voulait lui couper la tête à chaque instant, sans vouloir l'écouter; scène d'une heure entière, dans laquelle cette femme, tantôt debout, tantôt à genoux, disait à ce mari tout ce qu'il y a de plus fort, et tentait tous les moyens pour l'attendrir, sans en pouvoir venir à bout; au contraire, le mari redoublant ses menaces : Vous êtes un masque, dit-il, je n'ai point de compte à vous rendre; il faut que je vous tue. — Eh! mon cher mari, reprit-elle, je vous demande la vie, je vous en conjure par cette soupe aux choux que je vous fis manger hier et que vous trouvâtes si bonne. A ces mots, le mari se rend, le sabre lui tombant des mains : Ah ! la carogne, dit-il, elle m'a pris par mon faible ; la graisse m'en fige encore sur le cœur, etc....

Son éminence, satisfaite de cette scène, envoya chercher les comédiens de l'hôtel de Bourgogne, et leur dit qu'ils avaient tort, qu'ils n'étaient que des paresseux, que l'on sortait toujours triste de la représentation de leurs pièces, et leur ordonna de prendre ces trois acteurs comiques et de les laisser jouer sur leur théâtre.

Ainsi, ce que l'Église défend se trouve autorisé, protégé par un cardinal, par un prince de cette Église qui ordonne même que les acteurs bouffons et comiques soient introduits sur la scène ; il le veut, il l'ordonne d'un ton amer, en appliquant l'épithète désagréable de *paresseux* aux comédiens de l'hôtel de Bourgogne! Il est bien clair ici que ce qui est défendu, proscrit par des prêtres, est voulu, institué par d'autres prêtres.

Mais, poursuivons :

Les prêtres anathématisent les comédiens et les gens de théâtre (*theatrici*):

Et nous voyons l'abbé Perrin devenir directeur de l'opéra à Paris, par privilége de l'année 1669, privilége qu'il céda, en 1672, au célèbre Lulli.

Eh bien! j'ai démontré que les prêtres avaient, dès l'origine de la comédie, rempli eux-mêmes des rôles de comédiens; voilà bien, à une époque tout-à-fait rapprochée de nous, *un ecclésiastique directeur des actrices et des danseuses de l'opéra*, à la vue et au su de tout le clergé de France qui a toléré ce scandale, pendant trois années consécutives; pourquoi ce même clergé qui n'a pas lancé ses foudres exterminatoires contre un de ses membres aussi coupable, voudrait-il en frapper des hommes qui n'exercent cette profession qu'en vertu de la volonté du prince et de nos législateurs? Ce clergé emploie donc, dans l'action de ses lois pénales, deux poids et deux mesures?

L'Église excommunie les gens de théâtre, les prêtres leur refusent la sépulture; et nous voyons les souverains d'Italie et le souverain pontife lui-même élever à grands frais des théâtres qui sont l'ornement de ce pays où la religion chrétienne est cependant pratiquée avec plus de ferveur qu'en aucun autre pays du monde.

Nous comptons à Rome, ville principale du domaine de J.-C., huit théâtres, où l'on rencontre journellement des ecclésiastiques, des moines et des prélats.(*Dictionnaire de l'Italie, tom.* 2, *pag.* 566.)

Le pape Benoît XIII a fait construire, *des propres deniers pontificaux*, le théâtre de *Tordionne*, qui a cinq rangs de 26 loges; il appartient, en toute propriété, *à la chambre des finances du pape* (idem). Et le peuple de cette cité est tellement avide de spectacles que les mendiants même aiment mieux se priver de pain que d'assister à quelques représentations; cette populace s'y place dans les sixièmes loges, où elle est entassée d'une manière fort incommode.

Le souverain pontife tolère donc non-seulement les spectacles, mais il les institue, mais il les possède;

mais les prêtres, les prélats et toute la population de la cité en remplissent les salles!...

L'Église défend les théâtres, et le pape Innocent XI les organise lui-même; il fait défendre aux femmes de monter sur la scène et veut qu'elles soient remplacées *par de jeunes castrats*, qui en prennent les habillements.

Ceci est plus sérieux et la volonté de ce pape, pour l'organisation des *théâtres* de Rome, est un opprobre pour l'humanité, un deuil pour la nature!... Est-il permis à un monarque quelconque, délégué de Dieu pour gouverner les hommes, de changer leur sexe, et de toucher à cette créature qui est l'image de Dieu même?.. C'est cependant à un souverain pontife que l'histoire peut reprocher un tel attentat!... et ce qui prouve que cette mutilation odieuse était contraire aux lois de la nature et de l'Église, c'est que Clément XIV a défendu très-sévèrement la castration. On prétend que sur cent jeunes gens qui subissaient cette opération, à peine y en avait-il un qui parvînt à remplir l'objet auquel on le destinait.

Innocent XI avait encore contrevenu aux lois ecclésiastiques, en voulant que *ces jeunes castrats* prissent l'habit de femmes, car ces sortes de déguisements sont défendus par les canons des saints conciles.

Voilà donc les chefs de cette Église qui proscrit les théâtres et les comédiens, qui instituent, au mépris de ses propres lois, et des théâtres et des comédiens! Cette conduite bizarre, singulière, de la part du clergé, entraîne sa propre condamnation, et doit donner de la force à l'autorité séculière pour persister dans l'exécution de ses actes et dans le respect dû à ses institutions.

Si nous demeurons encore un moment dans cette pieuse Italie où l'on rencontre, à chaque pas, des monuments et des hommes consacrés à notre divine religion, nous trouverons à Naples, où le peuple est extrêmement dévot, et tout occupé de confréries, de rosaires, de processions et de toutes sortes de cérémonies religieuses, le plus beau, le plus vaste théâtre qui soit en Europe et qui porte le nom de *Saint-Charles* ; voilà donc un monument réprouvé par les lois de l'Église, qui existe sous l'invocation d'un des saints les plus célèbres que cette même religion honore, et les Italiens n'ont pas craint de former une alliance d'un nom sacré à un objet profane!

Les peuples de cette même Italie pieuse sont tellement accoutumés à la pratique des théâtres que lorsque les représentations de ceux-ci sont interrompues, on les distrait par des *oratorio*, espèce de concerts spirituels. L'oratorio de Bologne a lieu dans une chapelle à côté de l'église des Philippins (Religieux de St. Philippe). C'est un drame en deux actes, entre lesquels, pour donner aux musiciens le temps de se reposer, un Religieux fait un petit sermon; dans ces drames, chaque personnage fait sa partie et emploie sa voix conformément *au rôle qu'il joue* ; ces spectacles, ajoute l'auteur du Dictionnaire historique et géographique de l'Italie, sont faits pour l'instruction et l'amusement du peuple.

Mais rentrons en France, et quoique nous ayons déjà, sur notre propre domaine, établi d'une manière palpable la divergence, l'incohérence et l'illégalité de la conduite du clergé envers les comédiens, voyons s'il ne sera pas possible de rencontrer encore une preuve évidente que ce même clergé ait formé avec les comédiens, des relations d'intérêt qui donnèrent lieu à une union directe et sincère entre ces deux corps, dont les élements semblent se former de matières si hétérogènes et tout-à-fait opposées.

Lorsque les comédiens français vinrent s'établir sur leur théâtre, dans la rue des Fossés-St.-Germain, en 1689, ils réglèrent que, chaque mois, on prélèverait sur la recette une certaine somme qui serait distribuée aux couvents ou communautés religieuses les plus pauvres de la ville de Paris. Les *capucins* ressentirent les premiers effets de cette aumône; les cordeliers demandèrent la même charité par le placet suivant:

« Messieurs,

« Les pères cordeliers vous supplient très-humblement d'avoir la bonté de les mettre au nombre des pauvres religieux à qui vous faites la charité. Il n'y a point de communauté à Paris qui en ait plus besoin, eu égard à leur grand nombre et à l'extrême pauvreté de leur maison, qui le plus souvent manque de pain. L'*honneur* qu'ils ont d'être vos voisins leur fait espérer que vous leur accorderez l'effet de *leurs prières, qu'ils redoubleront envers le Seigneur pour la prospérité de votre chère compagnie.* »

Les comédiens français ayant accordé ce qu'on leur demandait, ils reçurent un semblable placet des augustins réformés du faubourg St.-Germain, auxquels ils s'empressèrent de répondre aussi favorablement. Voici le contenu de ce placet :

« MESSIEURS,

« Les religieux réformés du faubourg St.-Germain vous supplient très-humblement de leur faire part des aumônes et charités que vous distribuez aux pauvres maisons religieuses de cette ville, dont ils sont du nombre. *Ils prieront Dieu pour vous.* »

Quoi ! les *capucins*, les *cordeliers*, les *augustins*, tous *prêtres* de notre sainte Église reçoivent non-seulement des secours de charité de la part des comédiens, mais encore ils leur présentent des *placets* comme à des autorités dans l'État *et les sup-*

plient très-humblement de leur accorder des secours; ils font plus, ils ajoutent qu'ils *prieront Dieu pour la prospérité de la compagnie!*.. Quoi! on peut donc *prier Dieu* pour les comédiens? Ce sont les capucins, les cordeliers, les augustins qui le disent, le promettent et le signent. Les comédiens ne sont donc plus des infâmes, des excommuniés; il ne faut donc plus leur demander l'abjuration de leur profession, puisque l'Église promet de *prier pour eux*, puisque ce sont les deniers gagnés par l'exercice de cette même profession qui passent dans les mains des prêtres pour subvenir à leur subsistance!

De nos jours encore, nous avons vu une des principales églises de Paris faire restaurer ses autels du produit de la pieuse munificence d'une de nos actrices célèbres, par consé-

8.

quent, les deniers gagnés sur la scène, par cette actrice passaient à l'église, pour coopérer à la réédification des autels nécessaires à notre culte; et si la profession qui produisait ces deniers à cette actrice était maudite et réprouvée par l'Église, pourquoi le prêtre administrateur de cette paroisse se permettrait-il d'appliquer le résultat d'une chose profane et maudite à l'usage le plus saint et le plus religieux?... Il y a donc incohérence marquée dans la conduite des prêtres. Il y a donc deux poids et deux mesures dans les actions résultant de leur ministère. Je pourrais en dire davantage sur ce point; mais j'ai trouvé qu'il était hors des convenances et de la dignité que chaque écrivain doit suivre et s'imposer, d'appliquer des preuves en personnalités, lorsque la matière lui fournit, sur l'ensemble, des résultats abondants et des arguments irrésistibles.

Disons, à l'avantage d'un autre curé de Paris, qu'on voit journellement dans l'église dont il est administrateur, *une actrice de l'opéra* donner l'exemple de la piété la plus édifiante et la plus sincère, en pratiquant tous les devoirs de la religion qu'elle sait allier avec ceux de son état, et en s'approchant fréquemment de la sainte table, à l'édification de tous les fidèles de cette paroisse : Eh bien! ce vénérable pasteur n'a point exigé *l'abjuration* de cette actrice ; il lui ouvre la voie du salut, sans lui fermer celle de son existence ; il ne blâme, ni ne censure, ni ne condamne la profession que le prince et les lois protégent et instituent ; il respecte les choses et les individus, et une brebis qui se serait égarée à la voix farouche et fulminante du pasteur, reste fidèle et pieuse près de lui; voilà, voilà, comme les ministres d'un Dieu de paix, de clémence et de bonté, rappelleront au sein de l'Église, aux dogmes de la foi, les cœurs les plus endurcis, les hommes les plus irréligieux!...

Ce prêtre honorable connaît et remplit les préceptes de notre saint Évangile. Il se conforme aux paroles de Jésus-Christ qui portent :

Misericordiam volo, etc... J'aime mieux la miséricorde que le sacrifice. (Matth. cap. 9, vers. 13.)

Hypocrita, ejice primum... Hypocrite, ôtez premièrement la poutre de votre œil, et après cela vous verrez comment vous pourrez tirer la paille de l'œil de votre frère. (Matth. cap. 7, vers. 5.)

Nolite judicare, etc.. Ne jugez point,

afin que vous ne soyez point jugés; car vous serez jugés, selon que vous aurez jugé les autres, et on se servira envers vous de la même mesure dont vous vous serez servi envers eux... (Matth. cap. 7, vers. 1 et 2.)

J'aime mieux la miséricorde que le sacrifice, dit Jésus-Christ; si ces paroles divines, si leurs effets restaurateurs étaient proclamés et répandus par les ministres de notre sainte religion, les temples ne suffiraient pas pour recevoir tous les fidèles qui s'y précipiteraient pour participer à tant de clémence et à tant de bienfaits!.. les prêtres rempliraient réellement l'objet de leur ministère, et les peuples se glorifieraient d'écouter leurs voix et de demeurer fermes dans une doctrine aussi pure et aussi consolante, que celle qui est renfermée dans nos saints évangiles.

J'ai eu d'autant plus raison de dire

que MM. les procureurs du roi doivent connaître du *délit* de refus de sépulture, que je rencontre dans le Dictionnaire ecclésiastique et canonique : (2 vol. in-8°, tom. 2, page 593.)

« Que la connaissance des contestations au sujet des sépultures, appartient au JUGE LAIC. »

Et plus bas, dans la même page :

« Que les curés *ne sont en droit* de refuser la sépulture qu'aux *hérétiques séparés* de la communion de l'Église, et aux *excommuniés dénoncés*.

« Pour être *hérétique*, il faut soutenir avec opiniâtreté un *sentiment contraire* à un *dogme de foi*. » (*id*)

Les comédiens n'ont jamais établi d'*hérésie*, jamais soutenu de thèses contre les théologiens, jamais émis de dogmes qui leur fussent propres; ils ne sont donc et ne peuvent être considérés comme *hérétiques*.

« *Nisi a judicio catholicæ religionis et tramite fuerit convictus deviare*. Nous ne devons regarder comme hérétiques, que ceux qui ont été *condamnés comme tels*, par LE JUGEMENT DE L'ÉGLISE (id).

Le clergé ne produira aucun jugement de ce genre, et le refus de sépulture ne peut être fait en conséquence de l'*hérésie*, puisque nulle part on ne trouvera des débats publics entre les comédiens et le clergé, à raison d'une subversion des *dogmes* de la foi, ou d'une substitution d'un dogme à un autre, et qu'aucun jugement n'a pu intervenir contre eux, qui les frappe comme hérétiques.

« Les curés ne sont en droit de refuser la sépulture qu'aux EXCOMMUNIÉS DÉNONCÉS (id).

« Nous ne connaissons d'*excommuniés* en France que ceux dont l'excommunication personnelle a été *publiquement déclarée et publiée*; c'est ce qu'on nomme excommunication dénoncée (id. tom. 1er, page 637).

« Quoique le glaive de l'excommunication soit le nerf de la discipline ecclésiastique, et qu'il soit très-salutaire pour contenir les peuples dans leur devoir, il faut pourtant *en user sobrement* et avec grande circonspection, l'expérience faisant voir que si on s'en sert témérairement et pour des sujets légers, *il est plus méprisé qu'il n'est redouté, et cause plus de mal que de bien.* (Dictionnaire des conciles, in-8º page 645.)

« Les évêques seront très-réservés à prononcer des excommunications; ils ne le feront que pour des causes graves et *après toutes les monitions en forme* (Concile de Sens, an 1528).

« On ne se servira d'excommunication, si ce n'est pour des causes *criminelles* et graves. » (Concile d'Augsbourg, an 1548 réglement 24.)

Il s'agit de savoir maintenant si les curés peuvent enfreindre ce qui est écrit dans leurs propres lois ecclésiastiques, qui portent qu'ils n'ont le *droit* de refuser la sépulture qu'aux *excommuniés dénoncés*, et que les évêques n'ont le pouvoir d'excommunier qu'après toutes les *monitions en forme :* et nous ne reconnaissons en France d'*excommuniés*, que ceux dont *l'excommunication personnelle a été publiquement déclarée et publiée.*

Voilà les lois pénales de l'Église, voilà les priviléges de l'Église gallicane.

Or, pour que l'excommunication des *Comédiens* fût valide, même en matière ecclésiastique, il faudrait que les *prêtres* dans leur église prononçassent l'anathème sur la propre personne des comédiens, et qu'ils le répétassent dans toutes les formalités voulues en ces sortes de cérémonies pénales; le font-ils, non? peuvent-ils le faire, non? j'ai démontré qu'une profession instituée *légalement*, par la puissance séculière, ne pouvait être réprouvée et punie, par la puissance ecclésiastique, parce que, par ce propre fait, celle-ci usurperait une supériorité sur l'autre; je ne reviendrai pas sur ce point, que j'ai traité victorieusement, je resterai sur le terrein propre de l'Église.

Si depuis des siècles les prêtres dans leurs paroisses n'ont fulminé aucun anathème contre les comédiens, les anciennes sentences ecclésiastiques ont donc été anéanties, non-seulement par la puissance du prince et des lois, mais encore par la *péremption*, la *prescription* que l'Église elle-même, et de sa pleine volonté, a laissé établir.

Et puisque nous ne reconnaissons en France pour *excommuniés, que ceux dont l'excommunication a été déclarée et publiée*, puisque celle des comédiens n'a jamais obtenu cette formalité essentielle et nécessaire pour fixer la catégorie, ils ne sont donc pas *excommuniés*, et le prêtre qui leur fait l'application de la peine, commet *un double délit*, puisqu'il enfreint les lois de l'État, et celles de l'Église.

« Il est défendu de prononcer l'excommunication contre personne, sinon après la *monition convenable, faite en présence de témoin*, SOUS PEINE D'ÊTRE PRIVÉ DE L'ENTRÉE DE L'ÉGLISE PENDANT UN MOIS. » (Dictionnaire des conciles, in-8°, page 645.)

Le prêtre qui refuse la sépulture, se montre encore bien plus coupable, puisqu'il fait subir la peine, avant que l'excommunication ne soit reconnue et dénoncée, c'est-à-dire, avant que le jugement soit même prononcé ;

Eh bien ! non-seulement, les curés qui font refus de la sépulture aux comédiens, doivent être poursuivis extraordinairement par MM. les procureurs du roi, qui sont les protecteurs nés de tous les citoyens, qui exercent dans l'État une profession *légale*, mais ils sont encore exposés à être punis par les évêques qui doivent leur interdire l'entrée de leur église pendant un mois.

Je cite des lois, je cite des autorités irréfragables, et les comédiens, loin d'être les coupables, les délinquants, sont victimes eux-mêmes de l'oubli, de l'inexécution de toutes les lois civiles et ecclésiastiques qui protégent et couvrent leur existence et leur profession.

Des théologiens voudraient-ils soutenir que les comédiens sont des *excommuniés dénoncés?* Il y aurait de leur part déraison, injustice et passion, puisque, comme je l'ai déjà dit, aucune des formalités pour ces sortes de sentences exterminatoires, n'ont été remplies à leur égard;

Et une pareille thèse jetterait dans la société un bouleversement épouvantable, *princes et peuples* seraient par ce seul fait *excommuniés eux-mêmes*, car voici la catégorie des *excommuniés dénoncés*, extraite du Dictionnaire des sciences ecclésiastiques, in-folio, tome 2, page 652.

« Les *excommuniés dénoncés* ne peuvent licitement communiquer avec les autres fidèles, et les fidèles ne peuvent communiquer avec eux dans les choses exprimées dans le vers suivant qui est reçu de tous, et fondé sur le droit *sentent. excomm. cap.* 29.

« Os, orare, vale, communio, mensa negatus.

« *Os*, Marque tout commerce par paroles, par lettres reçues ou envoyées, par présents donnés ou acceptés, par raison ou autres signes d'amitié ;

« *Orare*, Signifie la communication extérieure dans les offices divins, dans les sacrements, les prières même faites avec l'excommunié ;

« *Vale*, Signifie le salut d'honnêteté qu'on ne doit pas même rendre à un excommunié qui vous salue ;

« *Communio*, Signifie les mêmes exercices, les contrats, les voyages, les promenades, le repos qu'on ne doit pas prendre dans la même chambre ni dans le même lit avec l'excommunié, si ce n'est par nécessité et non par manière de société ;

« *Mensa*, Signifie qu'on ne doit ni

boire, ni manger, ni être assis à une même table avec l'excommunié, quand même on ne mangerait pas les mêmes mets que lui. »

De cette manière donc, les princes, les grands, les peuples qui assisteraient aux représentations des comédiens, si ces derniers étaient des *excommuniés dénoncés*, deviendraient eux-mêmes délinquants aux lois de l'Église, et co-participants à l'excommunication, et l'Église ne rencontrerait plus parmi les nations que des individus réprouvés et condamnés par ses propres sentences !.. Les royaumes se trouveraient par ce seul fait dans un interdit universel et permanent, et les rois n'auraient d'autres ressources que de faire mettre la hache destructive dans tous les théâtres qui font l'ornement de leurs pays !.... Un tel état de choses est-il supportable, et peut-on raisonnablement soutenir que l'excommunication des *comédiens* soit *réelle*, puisqu'elle entraînerait avec elle celle de tous les peuples de la chrétienté; car c'est parmi ces peuples seuls, que l'organisation des théâtres est portée à un point de splendeur et de magnificence qui ne laisse rien à désirer?..

Il me paraît plus convenable d'invoquer d'une part la sagesse et la charité apostolique des évêques et des prêtres, pour faire cesser des actes de pénalité qui ne sont qu'injustes et mal appliqués, et de l'autre, d'appeler l'attention de la puissance séculière, la protection de l'autorité civile, dans le cas où le clergé mûrement et dignement éclairé, ne consentirait pas à faire abnégation d'un droit mal fondé, et encore plus mal pratiqué? Je pense que tous les hommes de bien, tous les hommes sincèrement attachés à leur religion, formeront les mêmes vœux, et qu'ils m'appuyeront de leur crédit, dans le public et dans la société.

Je finirai cet exposé en disant aux prêtres de l'Église catholique, apostolique et romaine que, parmi les SAINTS dont le culte est honoré dans cette religion, il y en a un grand nombre qui ont exercé *la profession de comédiens* et que l'encens qui brûle sur leurs autels, pour les confesseurs de la foi de Jésus-Christ, est partagé par plusieurs d'entre eux tels que :

Saint-Porphyre, comédien à Rome, qui, frappé, sur le théâtre même, des merveilles de notre divine religion, et qui, par un admirable effet de la puissance de Dieu, professa, en présence de l'empereur Julien, l'apostat, et de tous les spectateurs qui étaient à ce théâtre, qu'il était *chrétien* et fidèle serviteur de Jésus-Christ; à l'instant même, et au commandement de ce prince, il eut la tête tranchée, et alla recevoir au ciel la couronne du martyr. C'est ainsi qu'il scella de son sang la foi de Jésus-Christ. L'Église catholique en fait la fête le 15 septembre.

St. Gènest, ou *Genès*, comédien de l'empereur Dioclétien, jouant sur un des théâtres de Rome, fut éclairé des lumières de la grâce de Jésus-Christ, profita de la présence de l'empereur et de tous les spectateurs, pour confesser hautement la foi du divin Sauveur, en proclamant qu'il était *chrétien*. L'empereur, irrité de son audace, le fit fouetter cruellement et l'envoya en prison où il fut appliqué sur un chevalet, puis déchiré avec des crocs de fer. Il persista, dans ces cruels tourments *à répéter qu'il n'y avait point d'autre Dieu que Jésus-Christ, et que, quand on le tuerait mille fois, on ne pourrait jamais le lui ôter du cœur et de la bouche.* Il fut brûlé par des flambeaux ardents. L'Église romaine l'a placé au nombre de ses plus saints martyrs, et l'honore le 25 août.

St. Ardalion, comédien, qui, jouant sur le théâtre les cérémonies des chrétiens, fut pénétré de l'esprit de Dieu et prouva sa sainteté, non-seulement par ses paroles, mais encore par le témoignage de son sang qu'il versa pour la foi de Jésus-Christ à Alexandrie, le même jour que Ste. Thomaïde. Il est mis par l'Église au rang de ses martyrs, et elle l'honore les 14 et 24 d'avril et 25 août.

St. Babylas, comédien, que Jean Mosch visita dans la tour où il s'était retiré pour pratiquer la religion de Jésus-Christ, à Tharse, en Silésie.

Ste. Pélagie, comédienne à Antioche, fut tellement touchée de la prédication d'un évêque, qu'elle se convertit, et se retira dans une cellule du mont des Oliviers, près de Jérusalem, où elle mena une vie pénitente qui fut l'exemple de tous les fidèles. Son corps fut transporté en France à l'abbaye de Jouarre, et l'on honorait ses reliques au Val-de-Grace, à Paris, et encore dans la communauté de son nom qui fut fondée dans cette ville, en 1665, par lettres-patentes de Louis XIV; on fait la fête de cette sainte le 8 octobre.

On m'objectera que tous ces *saints* personnages firent abjuration de leur profession, et cessèrent tout exercice du théâtre pour se livrer à la pratique de la religion chrétienne; cela est vrai; mais enfin cela prouve toujours que, quoiqu'on soit *comédien*, ou qu'on ait exercé cette profession, on n'est pas tellement réprouvé de Dieu que ceux qui l'exercent ou qui l'ont exercée ne puissent prétendre, comme tous les autres chrétiens, à s'asseoir à côté de notre divin rédempteur. Ce sont ces mêmes saints, ayant exercé cette même profession, que les comédiens invoqueront aujourd'hui, dans leurs prières, afin d'obtenir des ministres de la religion, plus d'équité et plus d'indulgence à leur égard: c'est par leur esprit, c'est par leur voix que nous demandons à ces ministres de les traiter avec toute la douceur de la charité chrétienne, et avec tous les égards et tout le respect dus aux actes et aux diplômes du prince, et à la législation de notre pays.

J'ajouterai encore que puisque les souverains de tous les pays soumis à la chrétienté, et les papes particulièrement, ont apporté le plus grand zèle et fait des dépenses infinies pour l'érection de théâtres magnifiques dans leurs états, puisque ces théâtres sont des monuments qui attirent l'affluence des étrangers, tant sous le rapport de l'architecture, qu'à cause des déclamations, des chants et des danses qu'on y pratique, les *comédiens* sont donc considérés, par les souverains même, comme une des causes principales de la prospérité et de la richesse des nations qu'ils gouvernent; ils forment une partie essentielle de la société, et leurs travaux deviennent pour les villes où ils sont établis, un appât réel qui y attire et y fixe les étrangers dont les dépenses personnelles, répandues dans le peuple, jettent de l'aisance dans toutes les classes de marchands et d'artisans. Ces sortes d'établissements sont encore pour les nationaux, qui jouissent de l'opulence, les moyens les plus honnêtes, les plus convenables de se procurer des amusements gracieux, où la morale se propose toujours un but direct et instructif, sans compter que le commerce fait des fournitures immenses à tous les théâtres, et qu'une infinité de gens de tous les états y trouvent des emplois qui favorisent leur existence. Une profession qui jette tant d'éclat sur une nation, et qui devient si utile aux arts et aux sciences, et dont l'institution est due au propre mouvement des souverains, ne peut et ne doit être avilie par la simple volonté du clergé, lorsqu'il est avéré surtout que le clergé lui-même a coopéré à cette institution. Sans l'établissement des théâtres et des comédiens, la France ne pourrait pas montrer avec tant d'orgueil, *Corneille, Racine, Molière, Voltaire,* et une infinité de poètes du premier ordre; l'Angleterre, *Shakespeare, Johnson, Congrève, Dryden, Rowe, Murphy, Colman;* l'Italie, *Alfieri, Riccoboni, Metastase, Goldoni;* et l'Allemagne, *Kotzbue, Schiller, Goëthe, Wieland,* etc., etc.

Alors les progrès des sciences n'auraient aucun élan, et les nations seraient encore dans la stupeur, et réduites à des combats de taureaux, et de bêtes féroces, ou à des processions obscènes et scandaleuses, telles que celles dont je vais faire la description dans le chapitre qui va suivre, et qui n'offraient que profanations et désordres, en avilissant une religion qui mérite tous nos respects et toute notre foi.

DE CERTAINES PROCESSIONS OU CÉRÉMONIES RELIGIEUSES, PRATIQUÉES PAR LE CLERGÉ, ET QUI SONT OU ONT ÉTÉ BEAUCOUP PLUS NUISIBLES AU CULTE ET A LA MORALE PUBLIQUE QUE LES COMÉDIES REPRESENTÉES SUR NOS THÉATRES.

On a vu dans le chapitre précédent que les ecclésiastiques au mépris du onzième canon du troisième concile de Carthage, tenu l'an 397, avaient, non-seulement assisté aux spectacles mondains donnés par les confrères de la Passion, qui, après leurs comédies saintes, mêlaient toujours quelques *farces*, mais encore qu'ils avaient eux-mêmes rempli des rôles et ouvert leurs églises pour ces sortes de représentations; que les lois civiles, que l'autorité du prince, infiniment plus portées à maintenir le respect dû à la religion et au caractère sacré de ministre des autels, que les ecclésiastiques eux-mêmes, avaient arrêté ce débordement de scandale et d'obscénité, en défendant aux ecclésiastiques de jamais prendre part à ces sortes de représentations, en réglant les sujets des pièces de théâtres, et en ordonnant que la scène serait transportée hors des églises. La sagesse de l'autorité civile l'a donc constituée protectrice et conservatrice de la religion et de la pudeur publique; et le prince qui est, par la nature de sa puissance, le conservateur et le protecteur des canons des conciles, a su ramener les prêtres par la force de sa volonté et de ses ordonnances, à l'exécution des lois canoniques.

Mais cet ordre interposé de la part de l'autorité séculière, quant aux représentations données par des ecclésiastiques; aurait dû s'étendre sur une infinité de processions et d'autres cérémonies religieuses, qui n'offrent encore que du scandale, et une infraction criminelle aux lois ecclésiastiques, et qui compromettent la dignité de la religion catholique, apostolique et romaine, en mêlant, en alliant aux cérémonies les plus augustes de notre culte, tout ce que le profane a de plus odieux et de plus impur, je veux parler de la procession solennelle qui avait lieu tous les ans à Aix en Provence, le jour de *la Fête-Dieu*, et qu'on y célèbre encore par fois de nos jours.

Dans cette solennité, les prêtres permettent que les diables et que toutes les divinités du paganisme fassent partie inhérente de la procession; et que le saint-sacrement, objet de la vénération et de la piété des vrais chrétiens, soit porté dans cet assemblage, dans cette réunion d'hommes masqués, déguisés en personnages les plus sacriléges et les plus réprouvés par notre législation ecclésiastique. Un cortége aussi incohérent est à mon avis cent fois plus scandaleux, cent fois plus outrageant pour le culte, que toutes les comédies, quelles qu'elles soient, qu'on représente sur nos théâtres.

Voici le détail historique et authentique de ce qui se passe dans cette cérémonie, extrait d'un ouvrage in-8°, imprimé en 1777, et déposé à la Bibliothèque du Roi, sous la cote L, n° 2167, 1. A, intitulé *Explication des cérémonies de la Fête-Dieu d'Aix en Provence*.

« La procession sort de l'église St.-Sauveur, à 11 heures et demie, dans l'ordre suivant :

1. La croix de la métropole.
2. La bannière aux armes de la ville.
3. La bannière de St.-Claude.
4. La bannière de St.-Roch.
5. La bannière de St.-Germain.
6. La bannière de St.-Christophe.
7. La bannière de Ste.-Anne.
8. La bannière de Ste.-Marthe.
9. La bannière de St.-Mitre.
10. La bannière de St.-Martin.
11. La bannière de Notre-Dame du Rosaire.
12. La bannière de Notre-Dame de l'Annonciade.
13. La bannière de Saint-George.
14. La bannière de Notre-Dame de Grâce.
15. La bannière de St. Joseph.
16. La bannière de Notre-Dame de Beauvez.
17. La bannière de St.-Éloy.
18. La bannière de Ste.-Catherine.

19. La bannière de St.-Honoré.
20. La bannière de St.-Sébastien.
21. La bannière de St.-Crépin.
22. La bannière de la Ste.-Trinité.
23. La grande bannière de Corpus Domini.

Après un certain intervalle viennent :
24. Le guet à pied et les chevaliers du croissant.
25. Le jeu du CHAT, qui est proprement dit, le jeu du VEAU D'OR; c'est une *mascarade* tout-à-fait profane, composée de plusieurs individus qui représentent des Juifs et en particulier Moïse, tenant le livre de la loi avec le grand-prêtre des Israélites, revêtu du pectoral et de la tiare ; un autre Juif porte le *veau d'or*, et un camarade fait sauter en l'air, aussi haut qu'il lui est possible, un malheureux chat, qui est tourmenté de la manière

la plus impitoyable; tous ces prétendus Juifs font des contorsions épouvantables et sont couverts d'une *testière*, qui est un *masque*, qui enveloppe généralement toute la tête.

26. Les lépreux, autre *mascarade*, qui représente les lépreux de l'Évangile; leur habillement consiste en deux tabliers de mulets à franges, qu'ils mettent l'un devant, l'autre derrière, avec deux rangs de gros grelots en bandoulière et en sautoir; les uns ont un grand peigne, les autres une brosse, les autres des ciseaux de tondeurs, et avec ces instruments, ils tracassent comme des diables, un autre d'entr'eux qui a une longue perruque, qu'ils s'efforcent de peigner, brosser et agiter. Ils sont tous couverts d'un *masque* qui représente une tête toute tondue.

27. La reine de Saba, autre *mascarade*. C'est un portefaix déguisé en vieille princesse, qui a une couronne rayonnante sur la tête, une ceinture en chaîne d'argent, beaucoup de rouge sur les joues, et une robe et une coiffure des plus ridicules ; elle est accompagnée d'un *danseur*, lestement habillé ; il a nombre de petits grelots aux jarretières ; il porte une épée nue à la main, au bout de laquelle il y a un petit château doré, surmonté de cinq girouettes en clinquant ; cette reine est encore entourée de trois dames d'atours, qui portent chacune une coupe d'argent à la main, qu'elles haussent à la manière des bacchantes et saltimbanques. Ce groupe saute, danse, et fait des contorsions à l'infini et dignes du carnaval le plus gai.

28. Le grand jeu des diables, ou le roi Hérode; c'est ici une des mascarades les plus bruyantes et les plus scandaleuses; ce sont des portefaix déguisés et masqués en diables, ils ont un corset et de très-longues culottes noires, cousus ensemble, et des flammes rouges peintes sur ces habillements; leur testière est noire et rouge, avec de longues cornes, formant une vraie tête de diable, et représentant des têtes horribles d'animaux; ils sont affublés de deux rangs de sonnettes qu'ils portent en bandoulière et en sautoir, et qui produisent un tintamarre vraiment infernal : ils ont tous des fourches à la main. Une Proserpine ou diablesse est parmi eux, et toujours distinguée par son accoutrement ridiculé, et sa coiffure qui est la parodie des

coiffures à la mode. Toute cette gente infernale tourmente le roi *Hérode*, qui est revêtu d'une espèce de casaque courte, de couleur cramoisi, avec des ornements jaunes; il a la couronne en tête, et le sceptre à la main; il cherche autant que possible à se défendre des coups qui lui sont portés. Une *tirelire* est portée par ces diables, qui vous la présentent, et ce que vous leur donnez forme une *bourse commune*, à laquelle le roi Hérode a droit de co-participation. Mais ce qu'il y a de plus répréhensible, selon mon opinion, c'est que le jour de la *Trinité*, et ensuite le jour et la veille de la *Fête-Dieu*, les *diables* et tous les *employés* aux *mascarades* de la procession vont avec leur habit de cérémonie, entendre la première *messe* à Saint-

Sauveur. Ils entrent dans l'église, leurs testières (ou masques) à la main, et après la messe, ils vont tous en sortant au *grand bénitier;* là ils jettent eux-mêmes de l'*eau bénite* sur leurs masques en faisant des *signes de croix*, parce que, dit-on, ils ont peur de se trouver un de plus, lorsqu'ils se comptent, ce qui serait alors le vrai diable, ainsi que cela a eu lieu, prétendent-ils, *il y a long-temps;* ils mettent ensuite leurs testières ou masques, et font leur jeu devant *l'image de la Vierge*, qui est au milieu de la grande porte de l'église.

Ici le clergé avouera bien qu'il y a et profanation des lieux saints, et profanation des choses saintes !.. car entrer dans l'église avec des masques à la main, y entendre la messe, bénir ensuite les masques et ces odieux déguisements avec de l'eau bénite puisée dans le grand bénitier, puis se masquer et danser devant l'image de la Vierge, qui tient au grand portail de l'église, c'est, selon moi, unir les bacchanales, les saturnales les plus infâmes, aux cérémonies les plus augustes, les plus saintes de notre culte?.. Mais continuons notre procession :

29. LES ROIS MAGES, ou le jeu de la belle étoile; encore une *mascarade* qui représente les trois mages allant à Béthléem, et suivant l'étoile qui les y conduit; ils ont chacun un page, et la figure couverte d'une testière, portant une couronne royale; ils font des danses, jeux et contorsions parmi lesquels on distingue une mauvaise farce, qu'en patois du pays on nomme *Régui-*

gneou, elle consiste dans un mouvement vif et successif du derrière que font MM. les pages de droite à gauche et de gauche à droite, en donnant leur dernier salut; celui qui le fait le mieux, obtient du public, juge de ces mouvements obscènes, quelques pièces de monnaie de plus;

30. Les DANSEURS, en corsets, culottes, bas et souliers blancs, ornés partout de rubans, avec un casque garni de grosses pierres ou diamants de théâtre, surmonté de plumes en hauteur, de couleurs variées. Ils ont tous des *scapulaires*, et portent au-dessous du genou des jarretières garnies de petits grelots; ils ont en main une baguette ornée de rubans et sont accompagnés d'une troupe de petits danseurs, qui imitent après eux, les danses qu'ils viennent d'exécuter;

31. La petite ame, qui est figurée par un enfant en corset blanc, les bras et les jambes nues, qui tient à la main la croix de Notre Seigneur J.-C., haute d'environ cinq pieds il appuye cette croix à terre de la main gauche; alors un ange habillé de blanc avec de grandes ailes et une testière ou masque qui forme l'*auréole* par derrière, tient aussi la croix de la main gauche, et la défend contre l'attaque des diables, qui, à grands coups de bâtons et de fourches, frappent sur le dos de l'ange, qui est garanti par une plaque de fer et un coussin qui se trouvent cachés par son accoutrement; l'ange finit cependant par sauver la croix; et l'*ame* de l'homme, représentée par l'enfant, de l'enlèvement qu'en veulent faire les diables;

32. Le massacre des innocents; on y voit le roi Hérode ordonner de faire mourir les enfants de la Judée, qui sont tous masqués avec une testière et une chemise de toile écrue qui leur tombe jusqu'aux talons. On choisit pour ces rôles, ajoute l'historien, la *fine fleur des petits polissons* de la ville; le patriarche Moïse, avec le livre de la loi, se trouve encore introduit dans cette mascarade.

33. Les chevaux fringants; huit ou dix jeunes gens portant tous des chapeaux gris avec un plumet haut, et une cocarde, en habit blanc garni de rubans de diverses couleurs au cou, aux bras, derrière la tête, ayant aussi des épaulettes en or et des scapulaires de Notre-Dame du Mont-carmel, forment un jeu parmi eux. Ils ont tous un cheval figuré en

carton peint, c'est-à-dire, seulement la tête et le poitrail d'un côté réunis à la croupe de l'autre, en laissant un vuide qui permet aux jeunes cavaliers de placer leurs corps entre deux, pour paraître enjambés sur ce cheval, d'où il pend une sorte de caparaçon, en couleur de rose, pour cacher les jambes des cavaliers. Ce cheval de carton est porté sur leurs épaules par deux rubans en sautoir. Ils ont tous à la main droite un petit bâton orné de plusieurs rangs de rubans; ils font mouvoir de la main gauche à leur gré cette figure de cheval; ils forment une danse variée sur l'air consacré *aux chevaux frux* qu'on attribue au bon René, comte de Provence et roi de Naples.

34. LES APOTRES; Judas ouvre la marche, il a en main la bourse des trente deniers; viennent ensuite les Apô-

tres et les Évangélistes sur deux files, et enfin *Jésus-Christ* qui est en robe longue, avec une ceinture de corde, et une testière ou masque, dont le visage est fort ensanglanté; il est courbé sous le poids de la croix qu'il porte. St.-Pierre est caractérisé par les clefs du paradis, St.-Paul par son épée, St.-Jacques par ses coquilles de pèlerin, St.-André par sa croix, St.-Luc par une testière ou masque qui représente une horrible tête de bœuf, St.-Marc par une testière ou masque qui représente une tête de lion, St.-Siméon est en évêque, chapé et mitré, et portant au bras gauche un panier rempli d'œufs, de l'autre main, il donne la bénédiction épiscopale.

35. St.-Christophe; c'est une figure colossale faite avec des morceaux

de bois et des cercles fort légers, enveloppés d'une aube en toile blanche ; ses deux bras sont étendus en croix. Le bras droit porte la figure d'un Jésus, attachée par-dessus ; le tout est surmonté d'une grande testière assez proportionnée, à la barbe vénérable, avec une grande auréole. Elle a neuf à dix pieds d'élévation, elle est portée par un homme qui s'y met dedans, et qui fait saluer St.-Christophe, tant qu'il peut, afin que son quêteur ramasse un peu plus d'argent en reconnaissance de cette politesse.

36. LA MORT ; qui est représentée par une figure noire, avec des ossements de squelettes peints dessus, et une horrible testière ou masque bien caractérisé. Tout son jeu consiste à faire aller et venir sa faux sur le pavé et l'approcher des pieds à tout le

monde, qui, pour s'en débarrasser, donne quelque chose à son quêteur.

C'est la plus triste, la plus désagréable, de toutes les mascarades.

Il y a ici un second intervalle dans la procession, après lequel paraissent :

L'ABBÉ DE LA VILLE (de la ville d'Aix); c'est un personnage qu'on élit tous les ans le jour de la pentecôte, et qui assiste à la procession solennelle de la Fête-Dieu, en pourpoint, en rabat, et manteau, et, dans le costume d'un abbé des plus galants; il est précédé à la procession par son capitaine des gardes, et suivi par les abbés de même façon, qui ont été élus les années précédentes; il porte à la main un très-gros et très-beau bouquet. Il a également son porte-enseigne, ses bâtonniers et autres officiers. Cette mascarade, moins scandaleuse que les autres, assiste à la messe de la métropole, et à toutes les autres cérémonies du jour de la Fête-Dieu;

37. La bazoche; elle entre ainsi que l'abbé de la ville par la grande porte de l'Église et celle du chœur.

Les bâtonniers, le capitaine des gardes, le porte-enseigne jouent devant le parlement, et MM. les trésoriers de France; devant la chapelle de *corpus domini* où se trouve la sénéchaussée, et ensuite plus bas devant les syndics des procureurs, et devant ceux des notaires.

Les bâtonniers, le capitaine des gardes, et le porte-enseigne font un salut particulier, et respectueux, en commençant et en finissant leurs exercices devant les autels, et reposoirs. Ces saluts dans lesquels ils fléchissent le genou en jouant du bâton (hallebarde) sont très-différents de ceux qu'ils font aux dames en jouant devant elles.

La bazoche en sortant du palais pour aller à St.-Sauveur précède le parlement. Elle marche dans le même ordre qu'elle y est venue, et étant arrivée dans la métropole, avec ses tambours et symphonie, elle borde la haie au parlement, jusqu'à la porte du chœur, après quoi elle se retire ;

38. LE PRINCE D'AMOUR ou LE LIEUTENANT DU PRINCE D'AMOUR; dont l'élection a eu lieu le jour de la pentecôté; il est en corset et culottes à la romaine de moire blanche et argent, tout unie; le manteau uni glacé d'argent, chapeau à plumets, et de figure avantageuse; il est précédé à la procession par des tambours, et des violons qui jouent *l'air du*

prince d'amour; il a son guidon, son capitaine des gardes, ses bâtonniers, et autres grands officiers, qui l'accompagnent à la procession, ils ont tous dans ce travestissement assisté à la messe à la métropole; l'abbé de la ville, le lieutenant du prince d'amour, et tous les fonctionnaires de leur suite, ont de gros bouquets à la main, avec lesquels ils saluent les dames et toutes les personnes de leur connaissance.

Après un autre intervalle on voit arriver :

39. LES NOTAIRES;
40. Le corps de l'université, dont la marche s'ouvre par la symphonie qui précède les quatre prieurs de St.-Yves;
41. Le massier;
42. Le recteur suivi des quatre facultés;

De théologie ;
De droit ;
De médecine ;
Et des arts ;

43. Les procureurs au parlement ;
44. Les procureurs au siége ;
45. Les prieurs de la confrérie de *corpus domini*, avec leurs pannonceaux ;
46. Le massier du chapitre ;
47. Le clergé de la métropole en chape ;
48. Le TRÈS-SAINT SACREMENT sous un riche dais ;
49. Le parlement en robe rouge, précédé du premier huissier portant la masse de justice fleurdelisée d'or ;
50. Les trésoriers généraux de France ;
51. La sénéchaussée ;
52. La maréchaussée.

Ainsi se termine cette célèbre et bizarre procession dont le récit étonnera et affligera même le véritable chrétien, parce qu'il y aura vu les objets et les personnages les plus augustes de notre religion, confondus avec des mascarades, des affublements hideux, grotesques, ou galants, qui sont proscrits par nos saints conciles, lors même qu'ils seraient représentés hors d'une cérémonie sainte, et à bien plus forte raison, lorsqu'ils en forment partie inhérente.

Le clergé dans une telle circonstance enfreint les lois ecclésiastiques et les lois civiles, il se met en opposition avec les canons des conciles, et brave la raison et l'opinion publique.

J'ai déjà dit que le onzième canon du concile de Carthage, tenu en 397, fait défense expresse aux ecclésiastiques, non-seulement de donner des spectacles mondains, mais même d'y assister;

Or, une grande partie de cette procession est bien certainement un spectacle des plus mondains et des plus obscènes qu'on puisse donner; et qui l'ordonne? c'est le chapitre de St. Sauveur, qui, en cette occasion, est le *maître des cérémonies* et qui règle de point en point tout ce qui doit se passer.

Le concile d'Augsbourg dans son dix-neuvième réglement de l'année 1548, porte *qu'on retranchera des processions, tout ce qui est profane;*

Le concile de Cologne de l'année 1549, dans son vingt-cinquième décret, ordonne de *bannir des processions, tout ce qui n'est pas propre à exciter la dévotion.*

Le concile tenu *in trullo*, (à Constantinople) l'an 692, porte, dans son soixante-deuxième canon, que les danses publiques de femmes, les *déguisements* d'hommes, *l'usage des masques* comiques, satiriques ou tragiques, *sont défendus*;

Et tous ces déguisements, ces masques horribles de tête de bœuf, de tête de lion, de tête de diables, reçoivent l'eau bénite, de l'église de St. Sauveur, et figurent à la procession !

L'autorité séculière, dans son extrême sagesse, les arrêts de nos parlements, défendent la représentation des saints mystères, et la mise en scène des personnages divins qui forment l'objet de notre culte public;

Et le chapitre de St. Sauveur, le clergé du diocèse d'Aix, font paraître, de la manière la plus sacrilége, la personne de Jésus-Christ, ses Apôtres, plusieurs de nos saints les plus révérés, dans cette cérémonie publique !

Et à qui le rôle de notre divin rédempteur se trouve-t-il confié ? à un porte-faix ;

Qui a l'insigne faveur de porter la croix, signe du supplice de Jésus-Christ et l'objet de notre véritable rédemption, le sujet de notre vénération, et de tous nos respects ? un porte-faix ;

A quel objet servent cette croix et celui qui la porte ? à être en butte à la tourmente d'une autre foule de porte-faix déguisés en diables ; et qui font mille contorsions réprouvées par notre religion, et par une saine morale publique !

Comment St. Luc, et St. Marc sont-ils représentés, et comment effraient-ils les spectateurs ?

Ce sont encore des porte-faix qui sont chargés de ce rôle, et qui représentent la tête de deux saints que nous honorons et invoquons, chaque jour dans nos églises, par deux têtes de bœuf et de lion, qui représenteraient à merveille, ces animaux horribles que les païens adoraient comme leurs dieux!

Qui profane les habits pontificaux, et la dignité d'évêque, la première de notre religion?

C'est encore un porte-faix, qui représente St. Siméon revêtu d'une chape et d'une mitre, et qui d'une main donne des bénédictions à toute outrance, et de l'autre tient un panier rempli d'œufs, à l'instar d'une cuisinière qui revient du marché!...

Mais continuons :

Moïse le plus grand, le plus respectable de nos patriarches, le législateur des Israélites, le prophète qui nous a transmis les livres de la loi, l'Ancien Testament, Moïse que nous caractérisons dans notre propre religion par le titre de *serviteur du Seigneur*, Moïse qui est rangé au nombre de nos propres *saints*, dont le culte est marqué sur la montagne de Nébo, et dont l'Église romaine fait la mémoire, le jour même de la *transfiguration* de *N. S. J.-C.** au mont Thabor, où on lui a dressé une église auprès de celle du Sauveur, *pour accomplir les désirs et la volonté de St. Pierre*, qui avait été dans l'impossibilité de les satisfaire de son temps, Moïse dont nous célébrons la fête le 4 septembre de chaque année, n'est-il pas odieusement représenté dans la mascarade du jeu du chat et du veau d'or, et dans celui du roi Hérode, par un autre porte-faix?...

Quel contraste, quelle profanation, quel abus des choses saintes!

(*) Voyez les Vies des Saints par Baillet, in-4º, tome 1er page 295.

On conviendra que jamais sur nos théâtres, rien de semblable ne viendra offenser la vue, ni la raison des spectateurs; et que la morale, qui forme toujours le but de nos auteurs, y est beaucoup mieux observée qu'à cette procession. J'ajouterai que je trouverais infiniment plus opportun, plus décent, de conduire mes filles, à une de nos bonnes tragédies ou comédies, qu'à la fête d'Aix; et que si le clergé veut jouir de la considération et du respect, qui sont nécessairement dus à son institution, il est utile, indispensable qu'il exécute lui-même et la volonté des lois de l'Église, manifestée dans les canons des saints conciles, et la volonté des lois et ordonnances civiles qui suppriment ces sortes d'alliance du sacré au profane. Je me servirai pour faire sentir au clergé la nécessité de cette conduite, d'une seule sentence proclamée sur nos théâtres mêmes, et qui renferme la morale la plus saine dont les gens d'Église et du monde puissent faire usage :

L'opinion est un juge suprême
Dont les arrêts doivent être écoutés,
Et les premiers respectez-la vous-mêmes,
Si vous voulez en être respectés.
La Mansarde, au Gymnase ou théâtre de Madame.

Sans l'opinion, sans le respect public, les institutions ne peuvent obtenir aucune durée, et ceux qui ont un intérêt direct à leur conservation, ceux qui en sont les dépositaires et les administrateurs, doivent toujours tendre à les environner de la vénération des peuples; car hors de là ils ne trouveront que désolation, abomination et destruction.

Je sais que le président Hénault a légitimé la représentation des saints mystères, en disant dans son Abrégé chronologique de l'histoire de France : « Non, ce n'était point la profanation de la religion ; tout était spectacle, pour un peuple grossier, qui était attiré dans les églises, où les cérémonies même du service divin étaient mêlées de ces spectacles ; on ne célébrait pas seulement les fêtes, on les représentait ; le jour des rois, trois prêtres habillés en rois, conduits par une figure d'étoile qui paraissait au haut de l'église, allaient à une crèche, où ils offraient leurs dons, etc. ; de là le peuple courait au théâtre, où il retrouvait les mêmes sujets ; c'était encore lui remettre les choses de la religion sous les yeux. Sa foi était fortifiée par l'habitude qu'il contractait avec les objets, et en entendre parler, c'était les avoir vus. Ne serions-nous pas réduits aujourd'hui à regretter ces temps de simplicité, où l'on ne raisonnait pas, mais où l'on croyait? »

Cela est juste, et je suis entièrement de l'avis de cet excellent historien, EN CE TEMPS, *on ne raisonnait pas, on ne croyait pas profaner, on avait la foi, toute la foi* : mais DEPUIS CE TEMPS, *on a raisonné*, et la raison du prince, la raison des législateurs, ont distingué, reconnu des profanations scandaleuses dans les représentations des mystères, et elles ont été défendues, d'une manière impérative; mais DEPUIS CE TEMPS, on s'est reporté sur la propre législation ecclésiastique, et l'on a trouvé des canons des conciles, qui, depuis les premiers siècles, interdisent tous déguisements, toutes mascarades, non-seulement aux gens d'Église, mais encore aux séculiers. Donc le clergé qui procède à une telle cérémonie que celle que je viens de décrire, est en opposition directe et avec les lois de l'État et avec les lois de l'Église.

L'institution de cette fête avait eu lieu l'an 1462 par le bon roi René, comte de Provence, duc d'Anjou, et souverain de Naples; cet excellent prince d'une dévotion et d'une foi réelles, aimait encore les sciences, les lettres et les arts; il était grand protecteur des tournois, des joutes, et des poésies galantes; il avait voulu, par la fondation de cette cérémonie, faire prévaloir la religion de Jésus-Christ, sur la puissance du diable, et imprégner cette vérité dans l'esprit du peuple, par des représentations qui parlassent à ses sens. Je dis et je maintiens que c'était bon, très-bon, pour ce temps, et que la mémoire du roi René ne peut jamais être entachée du crime de profanation, parce que ses intentions étaient pures et tout-à-fait religieuses ; mais l'expérience qui corrige tout, qui épure tout, nous a prouvé à l'évidence, que cette alliance de mascarades profanes, avec les objets et les personnages les plus révérés de notre culte, ne pouvait plus avoir lieu; la voix du prince et des lois s'est fait entendre à cette occasion, et le clergé doit s'y soumettre avec d'autant plus d'empressement, que ses propres lois canoniques le lui prescrivent aussi.

Les habitants d'Aix tiennent singulièrement, dit-on, à l'institution de ces jeux, et à la mémoire de leur ancien souverain ; je suis loin de blâmer leur goût pour ces sortes de plaisirs, et encore moins la déférence qu'ils témoignent à la mémoire de ce prince; mais je leur accorderais, dans le temps de carnaval, tous les jeux institués par le roi René, en retranchant les sujets religieux, et j'ordonnerais pour la solennité de la Fête-Dieu, une procession imposante et respectable qui nourrirait l'esprit et le feu sacré dans l'ame des fidèles, sans obscurcir leur vue par des sujets profanes et des masques hideux. J'ai lu l'espèce de justification qu'a prétendu faire le sieur de *Haitze*, de cette procession; et quoi qu'il la consacre à la *postérité*, dans les termes les plus pompeux, il n'a pu arriver au but qu'il se proposait.

Mais ce n'est pas seulement dans la ville d'Aix que nous trouvons l'usage de ces sortes de processions; celle de *Mâcon* nous offre un autre exemple aussi bizarre de l'irréflexion du clergé, ou pour mieux dire, des *jésuites* qui en furent les ordonnateurs, et qui poussèrent l'esprit de l'irréligion jusqu'à choisir un jour de *carnaval*, pour la représenter ; voici ce que l'on lit dans les Annales de la société de Jésus, tome IV, in-4°, p. 511.

« Nous allons voir maintenant dans la ville de *Mâcon* en *France*, les *jésuites* peu satisfaits de simples paroles et déclamations *séditieuses*, se jouer publiquement des choses saintes, et faire éclater leur *Passion*, par une PROCESSION PROFANE, qui avait moins pour but le divertissement du peuple, que la vaine satisfaction de se dresser à eux-mêmes un triomphe imaginaire sur le saint défenseur de la grâce, (St. Augustin) et ses disciples :

« Le lundi gras, 1651, sur le midi, on vit sortir de leur collége de Mâcon une procession dont *ils avaient réglé* la pompe de cette manière : la croix marchait en tête, suivie d'environ trente petits choristes tant de l'église cathédrale que des collégiales; tous écoliers des jésuites, qui étaient suivis du sieur Bazam, curé de Saint-Étienne, seul prêtre de toute cette troupe; une cinquantaine d'écoliers marchaient ensuite travestis en Turcs, Japonais, Canadais, Allemands, Anglais, Suisses, et après eux paraissaient quatre estafiers portant un dais à quatre bâtons, sous lequel marchait un petit *roi*, le sceptre en main et la couronne sur la tête; par-là, ces pères voulaient, à ce qu'ils dirent depuis, représenter la grâce efficace; derrière eux on voyait une centaine d'écoliers vêtus comme quelques autres nations plus civilisées et plus polies que les précédentes, qui marchaient devant quatre autres écoliers, vêtus en anges, chacun desquels soutenait le bâton d'un dais qui couvrait un petit écolier vêtu en ange, seul avec une croix en la main, et c'était la grâce suffisante ; il était précédé d'un autre écolier de l'âge de vingt-cinq à trente ans, habillé en *femme* qui avait une grande croix entre les bras ; mais les spectateurs n'en purent déchiffrer le mystère, sinon que l'on avait voulu marquer par là une ame pénitente. Ce second dais était suivi de *St. Augustin* représenté par un jeune homme de vingt-huit ou trente ans, vêtu en évêque avec une soutane, rochet, camail et croix pectorale, la tête nue, mais couverte d'un grand crêpe, à travers duquel on voyait tout l'habit épiscopal, et ce crêpe était surmonté par une grosse épine de bois verd. Ce *St. Augustin* travesti, était environné de quelques autres écoliers revêtus en Maures, en sauvages, en *dia-*

bles qui portaient des dagues et des épées nues avec différents écriteaux; mais ceux qui en dressèrent la relation n'en purent lire que le dernier, où était représenté un monstre sous une grande massue avec cette inscription : *Gratiæ sufficientis triumphus :* il avait des feuilles de laurier tout autour. Les autres écriteaux furent effacés par une grosse pluie qui troubla un peu la pompe de la cérémonie triomphante : ceux qui avaient vu ces écriteaux assurèrent que sur l'un étaient gravées ces paroles, *gratia proveniens*, sur l'autre, *gratia concomitans*, et sur une troisième, *gratia perficiens*. Cette procession étant partie de la maison des jésuites, dans ce bel ordre, ou pour mieux dire, dans cet effroyable désordre, alla d'abord à St. Vincent, église cathédrale de Mâcon, de là à St. Pierre qui en est la collégiale; et ensuite aux jacobins, aux cordeliers, et aux autres maisons religieuses. Les jésuites s'étaient promis de donner sur le théâtre l'intelligence de cette ridicule et toute profane cérémonie. Mais comme ces pères virent que les mieux sensés l'avaient blâmée hautement, ils en demeurèrent là, et se contentant de l'impunité dont ils ont joui dans toutes leurs entreprises, ils cessèrent pour cette fois de faire servir les plus grands mystères de notre religion au divertissement des hommes. »

Que les *jésuites* aient osé par une procession aussi scandaleuse insulter à leurs adversaires, et profaner l'image de St. Augustin, on peut le concevoir; mais que le clergé de Mâcon se soit rendu coupable d'une telle infraction du respect dû aux choses saintes, en ouvrant les portes de la cathédrale de St. Vincent, de la collégiale de St. Pierre, et celles des églises des jacobins, des cordeliers et des autres maisons religieuses, pour servir de stations à cette mascarade impie, cela ne se conçoit pas.

Une autre procession de cette nature fut encore ordonnée et pratiquée en 1685, par les *jésuites* de Luxembourg, pour la translation de Notre-Dame-de-Consolation, ils y firent un mélange profane et scandaleux du saint-sacrement, et de l'image de la Vierge, avec *toutes les divinités du paganisme*, auxquelles on avait dressé des *théâtres* en plusieurs endroits de la ville, avec des inscriptions tirées de Virgile, et d'autres auteurs païens. Dans l'imprimé que les jésuites firent distribuer de la relation de cette cérémonie ils n'ont pas fait la moindre mention de Dieu, de Jésus-Christ, ni cité un seul passage de l'Écriture, mais ils se sont fortement étendus sur leurs profanes divinités; le docteur Arnaud leur en fit un reproche public, dans un écrit imprimé en 1687, intitulé: *Avis aux RR. PP. jésuites sur leur procession de Luxembourg.*

Ces RR. PP. grands partisans de nos dieux de la mythologie, deployèrent également le plus grand zèle pour la *danse* et les *ballets*; car lorsque M. de la Berchère, évêque de Lavaur, fut nommé à l'archevêché d'Aix, ils célébrèrent son arrivée dans sa ville archiépiscopale par un *ballet* qui ne le cédait en rien par sa lasciveté et ses galanteries aux ballets de nos opéras.

Ainsi si les *jésuites* eux-mêmes mettaient au néant les canons des conciles qui proscrivent la danse, les particuliers, ou les danseurs publics, pouvaient bien imiter leur exemple, sans craindre la damnation éternelle, et pratiquer un *art* réservé aux gens du monde, puisqu'ils le voyaient exercé par des ecclésiastiques qui passaient pour les plus fervents soutiens de la religion romaine.

La ville de *Paris* fut encore témoin d'un autre *ballet* donné par les *jésuites* en l'année 1653, et qui fut nommé le *ballet de la vérité*. L'impureté, l'indécence et la lubricité y furent poussées à l'excès, et de telle manière qu'un auteur moderne, qui se respecte tant soit peu, n'oserait en donner la description au public. Mais on pourra consulter, à cet égard, un ouvrage intitulé *Onguent pour la brûlure*, in-8°, *déposé à la bibliothéque royale, sous la lettre D., N°. 2898, page 61*; on trouve encore dans le même ouvrage, page 58, la description de ce qui se passa dans l'église de ces RR. PP., en l'année 1653, à l'occasion de l'*Égnine infâme* qu'ils y exposèrent, et dans laquelle on voyait tous les dieux du paganisme, tels que Jupiter, Vénus, Cupidon, etc., dans la nudité la plus absolue, et à côté des sujets les plus respectables de notre culte, tels que le saint-sacrement de l'autel, l'image de Jésus-Christ, de la Vierge, et des autres saints.

Maintenant abandonnons les *jésuites* pour rentrer dans les cérémonies que le clergé de France pratiquait dans presque l'universalité de ses diocèses.

Procession et messe singulière de Dieppe. En 1443, les habitants de la ville de Dieppe remportèrent une victoire signalée sur les Anglais qui étaient venus mettre le siége devant cette ville; mais cette victoire fut achetée au prix de leur sang, puisqu'ils eurent à regretter plus de 4000 des leurs. Le dauphin, avant de quitter la ville, se rendit dans l'église de Saint-Jacques, à la tête des officiers municipaux, pour consacrer spécialement cette ville sous la protection de la sainte Vierge. Ce prince ordonna qu'on fît tous les ans à l'honneur de Marie, une procession générale autour des murailles de la ville, à pareils jour et heure qu'il avait attaqué et emporté la Bastille; il autorisa les maires et échevins de passer dans le compte de chaque année la somme de deux cents livres : il fit aussi présent à l'église de Saint-Jacques d'une statue en argent d'une grandeur naturelle.

Cette procession et la solennité qui

l'accompagnait, donnèrent lieu à la création d'une confrérie de l'Assomption, dont nous allons parler, et qui prouvera la simplicité des mœurs et de la piété de nos ancêtres.

On prenait tous les ans vers la mi-juin les suffrages des principaux habitants, assemblés en l'hôtel de ville, pour l'élection de la fille la plus vertueuse qui devait cette année représenter la sainte Vierge, ainsi que pour l'élection de six autres filles de Sion qui devaient l'accompagner. On procédait ensuite au choix d'un ecclésiastique pour représenter St. Pierre, et de onze laïques pour représenter les onze autres Apôtres.

La sainte Vierge, représentée comme nous venons de le dire, portée par quatre clercs dans un berceau en forme de tombeau, accompagnée des filles de Sion, ainsi que les représentants de St. Pierre et les onze Apôtres, se rendaient tous les ans à l'église de Saint-Jacques, le 4 août à six heures du matin.

On étendait à cette heure, devant la porte du maître de la confrérie de l'Assomption, une grande tapisserie sur laquelle on appliquait des lettres en or, qui rendaient et formaient quelques vers exprimant les qualités distinctives de ce maître, et de son amour pour Marie. Ces vers s'appelaient *palinods*.

Ceux qui représentaient St. Pierre et les onze Apôtres, après avoir assisté à l'office des laudes, sortaient du chœur de Saint-Jacques portant chacun un cierge, et se rendaient à la porte du maître en exercice, en chantant des hymnes, et faisant avertir les échevins, etc. de se rendre à l'église, et que le clergé approchait.

Cette procession se faisait sur les sept heures du matin. Le cortège était précédé d'une grande musique; l'on faisait même venir de Rouen un grand nombre de musiciens. Les deux clergés réunis de Saint-Jacques et de Saint-Rémy, l'on sortait de l'église; on portait l'espèce de tombeau ou berceau dans lequel était la représentation de la Vierge, et à ses côtés les filles de Sion; ensuite le St. Pierre avec ses deux acolytes, revêtus de leurs ornements ecclésiastiques, allaient à la tête des onze Apôtres.

Des deux côtés de cette procession était un grand nombre de jeunes gens avec des attributs et des habits caractéristiques, propres à exprimer les saints qu'ils voulaient représenter. Après les maîtres de la confrérie, des jeunes gens portaient les prix des *palinods*.

11.

La messe finie, le St. Pierre montait à l'autel, prenait le saint-ciboire, se communiait lui-même, et présentait la sainte hostie aux apôtres. Si quelqu'un d'eux n'eût pas accepté le pain de vie, il eût été bafoué et dépouillé de l'apostolat comme en étant indigne.

Pendant toute la durée de cette messe chantée en musique, on donnait aux assistants une représentation de la mère de Dieu. Le Père Éternel paraissait sous la figure d'un vénérable vieillard; à ses côtés quatre anges. Pendant cette représentation qui durait deux heures, l'on voyait *un personnage bouffon qui faisait des singeries et se moquait de la sainte Vierge qui montait au ciel;* pour exprimer sa surprise, ce bouffon se couchait par terre pour faire le mort; se relevait ensuite, et courait avec rapidité se cacher sous les pieds du père éternel, où il ne montrait que sa tête. Les lazzis et niaiseries de ce personnage, que le peuple nommait *grimpe sur l'air*, faisaient rire tous les assistants, qui confondaient leurs exclamations avec le chant de la messe.

Après l'office de la messe, le chapelain de la confrérie montait à la tribune des apôtres et entonnait : *assumpta est Maria in cœlum : gaudent angeli, laudantes benedicunt Dominum*; après quoi il récitait quarante vers français pour engager les apôtres à publier par toute la terre l'Assomption de la sainte Vierge, dont ils venaient d'être les témoins. Ceux-ci répondaient chacun par une vingtaine de vers, et assuraient qu'ils allaient avec joie s'acquitter de ce devoir. Le récit fait, l'apôtre St. Jean entonnait le verset, ave, Maria, gratia dei plena per sæcula, etc., que les autres apôtres continuaient de chanter en chœur, accompagnés du carillon des sonnettes dont étaient couverts les trois petits anges.

Le maître en exercice de la confrérie régalait chez lui la sainte vierge, les filles de Sion, et les magistrats de la ville.

Les apôtres dînaient dans la rue, devant la porte du maître : vraisemblablement pour désigner que Saint-Pierre avait pleuré sa faute à la porte de Caïphe; et que les autres Apôtres avaient abandonné leur divin maître, et ne l'avaient point suivi dans la maison du pontife. Tant que le repas durait, il était défendu à saint-Pierre et aux apôtres de parler et de rire. Le dîner fini, le saint-Pierre se levait de table, et entonnait le verset, ave, Maria, gratia dei plena, etc.

Dès qu'on annonçait après le dîner qu'on allait retourner à l'église, la sainte vierge se remettait dans son tombeau, les filles de Sion à ses côtés, et le clergé. Ils se rendaient tous à l'église, après les vêpres de ce jour 4 août ; on faisait la représentation de la sainte Vierge sur un théâtre devant l'hôtel de ville. Le premier personnage qui paraissait sur ce théâtre était saint Jean l'Évangéliste, portant une couronne en forme de gloire, il ouvrait le spectacle en chantant : *tota pulchra es, amica mea, etc.* Après quoi il commençait cette antienne par quarante vers, et se retirait.

Alors la sainte vierge dans son tombeau, apporté sur le théâtre, exhortait les filles de Sion d'être toujours fidèles à Dieu, à qui elle les recommandait elle-même ; elle leur annonçait sa mort prochaine, et leur témoignait la joie qu'elle allait avoir de rejoindre son divin fils. Enfin elle récitait ces mots : *Nunciate dilecto meo, quia amore langueo.* Aussitôt paraissait l'ange Gabriel, qui lui présentait une palme en chantant : *Surge, propera, amica mea; veni, de Libano coronaberis..*

On voyait aussitôt accourir sur le théâtre le saint-Pierre et les autres apôtres, qui témoignaient leur surprise de se voir ainsi transportés en ce lieu, des différents endroits de la terre par une force surnaturelle; et ils exprimaient leur douleur de la perte qu'ils allaient faire de la sainte vierge qui alors paraissait expirer.

Dès qu'elle était censée morte, le saint-Pierre lui fermait les yeux; à l'instant les musiciens exécutaient un motet en son honneur; des Juifs entraient de tous côtés sur le théâtre pour enlever le corps de la sainte vierge : les apôtres s'y opposaient, un combat décidait la question ; les apôtres, étant les plus forts, enlevaient le tombeau dans lequel était la sainte vierge.

Les mêmes cérémonies et le même spectacle se répétaient le 15 août; le 16 on jouait sur le théâtre une comédie morale. Ces cérémonies ridicules ont eu lieu jusqu'en 1684, un mandement de l'archevêque de Rouen les proscrivit. Les habitants de Dieppe eurent recours au parlement de Rouen, qui confirma le mandement; mais les Dieppois ne perdirent pas l'espoir du rétablissement de cette farce religieuse, qui leur rapportait beaucoup d'argent, par le grand concours de curieux qui se rendaient à Dieppe; ils en firent conserver les machines dans leur magasin, jusqu'au bombardement de la ville en 1694, qui en occasionna l'incendie.

Procession de la danse des chanoines à Châlons-sur-Saône. Les complies de la Pentecôte étant finies, le doyen, les chanoines, et les habitués sortaient de l'église en procession, et venaient dans le petit cloître : il y a au milieu du préau un dôme, et au-dedans une masse de pierre taillée en rond, et des images aussi de pierre à l'entour. La procession y étant arrivée, tous se prenaient l'un après l'autre par le bout de leur surplis; et en chantant quelques répons de la fête de la descente du St-Esprit sur les Apôtres, ils faisaient quelques tours en *dansant* en rond à l'entour de ce dôme : et bien qu'on n'y fît rien qui ne fût dans la bienséance et dans la modestie, et qui ne fût institué à bon dessein, toutefois, parceque le peuple appelait cette cérémonie la danse des chanoines, l'évêque Cyrus de Thiard et le chapitre jugèrent de concert qu'il fallait abolir cette coutume.

La procession noire du chapitre d'Évreux. Le premier jour de mai le chapitre d'Évreux avait coutume d'aller dans le bois L'évêque, qui est fort près de la ville, couper des rameaux et de petites branches, pour en parer les images des saints qui sont dans les chapelles de la cathédrale. Les chanoines firent d'abord cette cérémonie en personne; mais dans la suite, ne croyant pas devoir s'abaisser jusqu'à aller couper eux-mêmes ces branches, ils y envoyèrent leurs clercs de chœur; ensuite tous les chapelains de la cathédrale s'y joignirent, en conséquence des fondations postérieures qui se rencontrent ce jour-là, où il y a une assez bonne distribution; enfin les hauts vicaires, *vicarii capitulantes de altâ sede* y trouvant leurs avantages, aussi bien que la communauté des chapelains, ne dédaignèrent point de se trouver à cette singulière procession, nommée la *procession noire*.

Les clercs de chœur qui regardaient cette commission comme une partie de plaisir sortaient de la cathédrale, deux à deux en soutane et en bonnets carrés, précédés des enfants de chœur, des appariteurs ou bedeaux, et des autres serviteurs de l'église, chacun avec une serpe à la main, et allaient couper ces branches qu'ils rapportaient eux-mêmes, ou faisaient rapporter par la populace, qui se faisait un plaisir et un honneur de leur rendre ce service, en les couvrant dans la marche d'une épaisse verdure; ce qui dans le lointain faisait l'effet d'une forêt ambulante.

Un autre abus s'introduisit peu

après : c'était de sonner toutes les cloches de la cathédrale, pour faire connaître à toute la ville que la cérémonie des branches et celle du *mai* étaient ouvertes; et cet abus augmenta si fort dans la suite des temps, qu'il fit casser des cloches, blesser et tuer même quelques sonneurs, rompre, briser, et démolir quelque chose d'essentiel aux clochers. L'évêque y voulut mettre ordre : il défendit cette sonnerie, et ce qui l'accompagnait; mais les clercs de chœur méprisèrent ses défenses. Ils firent sortir de l'église les sonneurs qui pour la garder y avaient leur logement; ils s'emparèrent des portes et des clefs pendant les quatre jours de la cérémonie, se rendirent enfin maîtres de tout, sonnèrent eux-mêmes à toute outrance, et ne devinrent, pour ainsi dire, raisonnables que le matin du dixième jour de mai :

ils poussèrent même l'insolence jusqu'à pendre par les aisselles, aux fenêtres d'un des clochers, deux chanoines qui y étaient montés de la part du chapitre pour s'opposer à ce déréglement... On trouve dans des actes authentiques et originaux les noms des deux chanoines à qui on fit cet affront. L'un était Jean Mansel, trésorier de la cathédrale du temps de Henri II, roi d'Angleterre et de Normandie, qui est qualifié, dans les archives du chapitre, conseiller de ce prince. Il était de la maison des Mansel, seigneur d'Erdinton en Angleterre, etc.; l'autre était Gautier Dentelin, chanoine, qui devint aussi trésorier, après la mort de Mansel, en 1206.

La procession noire faisait au retour mille extravagances, comme de jeter du son dans les yeux des passants, de faire sauter les uns par-dessus un balai, de faire danser les autres. On se servit ensuite de *masques*; et cette fête à Évreux fit partie de la fête des fous et des sous-diacres, *saturorum diaconorum*.

Les clercs de chœur, revenus dans l'église cathédrale, se rendaient maîtres des hautes chaires, et en chassaient pour ainsi dire les chanoines : les enfans de chœur portaient la chape; ils faisaient l'office entier, depuis nones du 28 avril jusqu'à vêpres du premier jour de mai, pendant lequel temps toute l'église était ornée de branchages et de verdure.

Pendant l'intervalle de l'office de ce jour-là, les chanoines jouaient aux *quilles* sur les voûtes de l'église, *ludunt ad quillas super voltas ecclesiæ*; faisaient des représentations, des danses et des concerts, *faciunt podia*, *choreas* et *choros*; et ils recommençaient à cette fête toutes les folies usitées aux fêtes de Noël et de la Circoncision, *et reliqua sunt in natalibus.*

Fondation du chanoine Bouteillé. Un chanoine du même chapitre d'Évreux, et qui se nommait *Bouteille*, (il vivait l'an 1270) fit une fondation d'un *obiit*, précisément le 28 avril, jour auquel commençaient les préparatifs de la fête du mai, ou de la procession noire; il attacha à cet *obiit* une sorte de rétribution pour les chanoines, hauts vicaires, chapelains, clercs, enfants de chœur, etc., et ce qui est de plus singulier, il ordonna qu'on étendrait sur le pavé, au milieu du chœur, pendant l'*obiit*, un drap mortuaire aux quatre coins duquel on mettrait quatre bouteilles pleines de vin et une cinquième au milieu, le tout au profit des chantres qui auraient assisté à ce service.

Cette fondation du chanoine Bouteille a fait appeler dans la suite le bois L'évêque, où la procession noire allait couper ses branches, le bois de la Bouteille, et cela parce que, par une transaction faite entre l'évêque et le chapitre, pour éviter le dégat et la destruction de ce bois, l'évêque s'obligea de faire couper par un de ses gardes autant de branches qu'il y aurait de personnes à la procession, et de les leur faire distribuer à l'endroit d'une croix qui était proche du bois.

On ne chantait rien durant cette distribution, mais on ne se dispensait pas de boire, comme on dit... en chantre et en sonneur. On ne mangeait que certaines galettes appelées *casse-gueules* ou *casse-museaux*; à cause que celui qui les servait aux autres les leur jetait au visage d'une manière grotesque.

Le garde de l'évêque, chargé de la distribution des rameaux, était obligé avant toutes choses de faire près de la croix, dont j'ai parlé, deux figures de bouteilles qu'il creusait sur la terre, remplissant les creux de sable, en mémoire et à l'imitation du chanoine Bouteille qui, comme je viens de dire, a donné son nom au bois qui fournissait les branches.

Procession de GARGOUILLE à *Rouen*, dite *aussi* de *St.-Romain* et de *la Fierte*. Il se faisait dans cette ville, le jour de l'Ascension, une procession singulière, à laquelle le *clergé* portait un monstre, qu'on nommait *Gargouille*. On prétend que c'était une bête horrible et monstrueuse qui, en forme de grand serpent et dragon, se tenait hors de la ville et auprès des murs, qui chaque jour faisait carnage, dévorait toutes créatures tant humaines que autres, et faisait périr les navires. St.-Romain, pour délivrer le peuple de l'horrible et cruel serpent, se résolut d'aller à la caverne de cette bête; et, ne trouvant personne qui voulût l'accompagner, la justice lui donna un prisonnier condamné à mort. Par miracle St.-Romain prit cette bête, lui mit son étole au cou; et lors, toute férocité cessant, la bailla audit prisonnier criminel, qui l'amena sans résistance jusque dans la ville, où publiquement elle mourut, et fut consumée par le feu. En mémoire et considération de ce miracle, le roi Dagobert Ier, roi de France, accorda en 631 à St.-Ouen, chancelier de France et aussi archevêque de Rouen, le privilége et autorité de délivrer tous les ans un prisonnier ou prisonnière devant être condamnés à mort.

Charles VIII confirma ce privilége en consentant formellement à son exercice; Louis XII, en 1512, donna des lettres de confirmation; Henri IV donna la fameuse déclaration de 1597, qui fixa les droits du chapitre par rapport au privilége.

Le chapitre de Rouen a joui jusqu'à la révolution du droit de délivrer des prisonniers le jour de cette cérémonie, à laquelle cependant depuis plusieurs années on ne portait plus l'image hideuse du monstre *Gargouille*.

A *Orléans* et à *Beauvais* on faisait et l'on continue encore de faire des processions en mémoire de la délivrance de ces villes, qui ont été et sont bien plus décentes, et qui rappellent des souvenirs qu'il est bon et utile de propager dans l'esprit des habitants. Elles ont un but religieux et politique qu'on ne peut que louer et approuver.

Je ne relaterai point ici les processions injurieuses pour la religion et pour l'autorité du roi, faites par le clergé de Paris pendant nos troubles malheureux de *la Ligue*; il suffit qu'elles tiennent à une époque momentanée, et à un esprit horrible de fanatisme et de rébellion, pour qu'elles ne se trouvent pas classées dans ce qui était propre et universel dans l'Église catholique et romaine.

Je dis *universel*, parce que ce n'était pas seulement en France que le clergé catholique mêlait des sujets profanes aux choses saintes et aux offices divins; nous allons nous borner à quelques citations de ces sortes de profanations dans les pays étrangers :

A *Nivelle*, dans le Brabant, la confrérie de Sainte-Gertrude fait, tous les ans, le lendemain de la Pentecôte, une *procession* solennelle en l'honneur de cette sainte qui est la patrone de la ville. On voit d'abord paraître un homme à cheval; derrière lui est assise en croupe une fille choisie entre les plus belles de la ville, pour représenter Sainte-Gertrude. Elle est habillée en dévote, et d'une manière convenable au personnage qu'elle joue; devant elle un jeune homme alerte, qui représente le *diable*, fait mille sauts et mille cabrioles, et tâche, par ses *gestes bouffons*, de faire rire la prétendue sainte qui, de son côté, s'efforce de conserver la gravité qui convient à son caractère et à la cérémonie; de jeunes filles viennent ensuite, portant l'image de la sainte Vierge. Le reste de la procession n'a rien de remarquable.

Procession des disciplinants en Espagne. Elle se fait le Vendredi Saint, pour honorer la Passion de Notre Seigneur Jésus-Christ. Le triste appareil de cette cérémonie est très-conforme à l'esprit de son institution. Les croix et les bannières sont couvertes de crêpes. Les gardes du roi d'Espagne, qui marchent à cette procession, ont leurs armes revêtues de noir. Les musiciens sont en deuil et *masqués*. Les tambours sont aussi couverts de noir. Les airs lugubres, que jouent les instruments de musique, répondent à cette triste décoration. A ce funèbre concert se joint le bruit de plusieurs chaînes pesantes que l'on traîne. Entre tous ceux qui composent cette procession, on distingue les *disciplinants* qui en sont les principaux acteurs. « Ils portent un long bonnet, dit l'auteur des Délices de l'Espagne, couvert de toile de batiste de la hauteur de trois pieds, et de la forme de pain de sucre, d'où pend un morceau de toile qui tombe par devant et leur couvre le visage. Il y en a quelques-uns qui prennent ce dévot exercice pour un véritable exercice de piété ; mais il y en a d'autres qui ne le font que pour plaire à leurs maîtresses ; et c'est une galanterie d'une nouvelle espèce, inconnue aux autres nations. Ces disciplinants ont des gants et des souliers blancs, une camisole dont les manches sont attachées avec des rubans. Ils portent un ruban à leur bonnet ou à leur discipline, de la couleur qui plait le plus à leurs maîtresses. Ils se fustigent, par règle et par mesure, avec une discipline de cordelettes où l'on attache au bout de petites boules de cire garnies de verre pointu. Celui qui se fouette avec le plus de courage et d'adresse est estimé le plus brave. Lorsqu'ils rencontrent quelque dame bien faite, ils savent se fouetter si adroitement, qu'ils font ruisseler leur sang jusque sur elle ; et c'est un honneur dont elles ne manquent pas de remercier le disciplinant. » Madame d'Aulnoi, dans son Voyage d'Espagne, dit que la manière de se fouetter est devenue un art en Espagne, aussi raffiné que celui de l'escrime, et qu'il y a des maîtres particuliers qui l'enseignent. Elle ajoute que, pour se fouetter avec grace, il ne faut qu'agir de la main et du poignet, sans gesticuler du bras. Reprenons notre auteur. « Quand un disciplinant se trouve devant la maison de sa maîtresse, c'est alors qu'il redouble les coups avec plus de furie ; et qu'il se déchire le dos et les épaules. La dame qui le voit de son balcon, et qui sait qu'il le fait à son intention, lui en sait bon gré dans son cœur, et ne manque pas de lui en tenir bon compte. Ceux qui prennent cet exercice sont obligés d'y retourner tous les ans, faute de quoi ils tombent malades; et ce ne sont pas seulement des gens du peuple ou des bourgeois qui font cela, mais aussi des personnes de la plus grande qualité. » A Séville, le nombre des disciplinants va jusqu'à sept ou huit cents; et ils l'emportent sur ceux de Madrid par la rigueur avec laquelle ils se fustigent. Cette procession est si célèbre et si solennelle que tous les ordres de l'état sont obligés de s'y trouver. Ainsi l'on voit marcher non-seulement les ecclésiastiques, les moines, les magistrats, les artisans, mais encore les *comédiens*, quoique leur profession soit réputée infame. Le roi d'Espagne assiste quelquefois en personne à cette solennité, accompagné de tous ses courtisans. La procession des disciplinants est ordinairement accompagnée d'une pieuse *farce* pareille à celles que l'on représentait en France dans l'enfance de notre théâtre. On dresse des théâtres sur lesquels on joue la Passion et la mort de Jésus-Christ. Au lieu d'applaudissements, on entend à certains endroits les pleurs et les gémissements des spectateurs qui se donnent de grands coups sur la poitrine. C'est le sort ordinaire des dévotions outrées de dégénérer en licence et en abus. Les disciplinants après s'être déchiré les épaules, de retour chez eux, se frottent avec des éponges trempées dans du sel et du vinaigre, et se plongent ensuite dans la *débauche* d'un *somptueux repas*, pour réparer *en quelque sorte* le sang qu'ils ont perdu, et flatter la chaire qu'ils ont si maltraitée.

Procession du St.-Sacrement à Madrid, le jour de la Fête-Dieu. Il y a lieu d'être surpris que les *Espagnols*, naturellement si graves et si sérieux, aient pu allier aux cérémonies les plus saintes de la religion, les pantomimes et les gestes burlesques des bouffons. On voit cependant ce mélange monstrueux dans la procession de la Fête-Dieu, qui d'ailleurs est pompeuse et magnifique; dans les rangs des ecclésiastiques, qui marchent dévotement et les yeux baissés, se mêlent des farceurs et des baladins, qui gesticulent et qui sautent de la manière la plus indécente. Il y en a même qui vont faire briller leur adresse aux côtés du prélat qui porte le St.-Sacrement.

La *procession de la Fête-Dieu à Milan* se faisait avec les mêmes cérémonies; des soldats déguisés en pantalons (bouffons) marchaient à la tête du cortége, en *dansant* leurs ballets, à l'imitation sans doute du roi David qui avait dansé devant l'arche d'alliance.

A Vérone, on fait aussi la procession de l'*âne*, chez les moines de Notre-Dame-des-Orgues. On y croit que Jésus-Christ, après son entrée à Jérusalem, donna la liberté à l'*ânesse* ou à l'*ânon* qui lui avait servi de monture, et que cet animal, après avoir voyagé quelque temps en Palestine, traversa la mer à pied sec, et vint se réfugier à Vérone, où il mourut. On en conserva religieusement les restes, qu'on mit dans le ventre d'un âne artificiel, dont l'effigie se conservait précieusement dans l'église de Notre-Dame-des-Orgues, où, deux fois l'année, dans une procession solennelle, quatre moines de cette communauté portaient cet âne comme une relique. (*Misson*, Voyage d'Italie, tome Ier, page 164, et Dict. de l'Italie tome Ier, page 56.)

La procession du rosaire à Venise est une des plus plaisantes de ce genre. Les RR. PP. dominicains ont l'honneur de l'invention; et voici comme ils ont disposé cette pieuse marche. On voit d'abord paraître une troupe de jeunes garçons, les plus beaux et les mieux faits qu'on ait pu trouver, qui représentent des anges et des saints. Parmi ces garçons, il y a aussi un grand nombre de jeunes filles, d'une figure et d'une taille d'élite, qui représentent des saintes. Chacune a le nom du personnage qu'elle représente. L'une s'appelle Sainte-Agnès, l'autre Sainte-Luce. Entre toutes les saintes on remarque Sainte-Catherine de Sienne, auprès de laquelle est un enfant portant un soufflet dans une main, et dans l'autre un balai ; parce que les légendes rapportent que Jésus-Christ entra un jour sous cette forme dans l'appartement de Catherine, pour lui servir de valet de chambre. Parmi toutes ces jeunes filles, sont dispersés quelques jeunes égrillards déguisés en diables, qui ont de longues queues, des cornes et des griffes. Leur emploi est de gesticuler auprès des saintes, de tâcher de les distraire par les postures les plus grotesques. On dit même qu'il se trouve certains diablotins entreprenants, qui poussent le jeu fort loin, et prennent des libertés capables d'alarmer la pudeur des jeunes vierges. Cette farce ridicule est destinée à faire voir le courage héroïque des saintes qui ont résisté constamment pendant leur vie aux attaques de l'esprit malin. A la suite des saintes de la loi nouvelle, on voit paraître celles de l'Ancien Testament, représentées par plusieurs matrones, qui joignent à un air grave et respectable la fraîcheur et les agréments de la jeunesse. Derrière elles, on porte en cérémonie, sur un brancard, une jeune et belle fille, remarquable par son éclatante parure, qui porte en main un sceptre, et sur la tête une couronne royale. Un de ses principaux ornements est un rosaire extraordinairement grand, et dont les grains sont d'une grosseur prodigieuse. Tous ces attributs font aisément reconnaître que ce personnage représente la sainte Vierge. Cette sainte vierge vivante et animée est suivie d'une autre qui n'est que de bois, mais qui n'est pas moins révérée ; c'est une statue miraculeuse, dont les dominicains racontent des merveilles.

De la fête des fous dans diverses cathédrales. Rien n'a plus de similitude avec les anciennes saturnales, que la fête des fous, qui se célébrait dans la plupart des églises cathédrales et métropoles du royaume; car ainsi que dans les *saturnales* où les valets, faisaient les fonctions de leurs maîtres, de même dans la fête des fous, les jeunes clercs et les autres ministres inférieurs de l'Église officiaient publiquement et solennellement, pendant les jours consacrés à ces sortes de fêtes, qu'on appelait dans certains diocèses *fête des sous-diacres*, et comme le dit fort bien le célèbre Ducange *saturi-diaconi*, fête des *diacres saouls*, par allusion à la débauche des diacres, qui s'y abandonnaient aux excès du vin.

Ces débordements avaient lieu

contre l'avis de *Saint-Augustin*, (*Sermon* 215, *De tempore*.) qui commande qu'on châtie rigoureusement ceux qui seraient convaincus de cette impiété, et contre la volonté du concile de Tolède, tenu en 633. Plusieurs prélats de l'Église de France firent également leur possible, pour les abolir. Mais malgré tant d'efforts, ce scandale se prolongea long-temps, et voici quelques détails sur ce qui se pratiquait :

On élisait dans les églises cathédrales, depuis les fêtes de Noël jusqu'à l'Épiphanie, et notamment le jour de l'an (c'est pourquoi cette fête était dans certains lieux nommée fête des *Calendes*); on élisait, dis-je, un évêque ou un archevêque des fous, et son élection était confirmée par beaucoup de bouffonneries ridicules, qui lui servaient de sacre;

après quoi on le faisait *officier pontificalement*, jusqu'à donner la *bénédiction publique et solennelle au peuple*, devant lequel ils portaient la *mitre*, la *crosse*, et même la *croix archiépiscopale*. Mais dans les églises exemptes ou qui relevaient immédiatement du Saint-Siége, on élisait un pape des fous (*unum papam fatuorum*) à qui l'on donnait pareillement, et avec grande décision, les *ornements de la papauté*, afin qu'il pût *agir et officier solennellement*, comme le *Saint-Père*. Des pontifes et des dignitaires de cette espèce étaient assistés d'un clergé aussi licencieux. On voyait les clercs et les prêtres faire en cette fête un mélange affreux de folies et d'impiétés pendant le service divin, où ils n'assistaient ce jour-là qu'en habits de mascarade et de comédie. Les uns étaient masqués, où avec des visages barbouillés qui faisaient peur ou qui faisaient rire; les autres en habit de femmes ou de pantomimes, tels que sont les ministres du théâtre. Ils dansaient dans le chœur en entrant, et chantaient des chansons obscènes. Les diacres et les sous-diacres prenaient plaisir à manger des boudins et des saucisses sur l'autel, au nez du prêtre célébrant : ils jouaient à ses yeux aux cartes et aux dés : ils mettaient dans l'encensoir quelques morceaux de vieilles savates, pour lui faire respirer une mauvaise odeur. Après la messe, chacun courait, sautait et dansait par l'église, avec tant d'impudence que quelques-uns n'avaient pas honte de se porter à toutes sortes d'indécences, et de se dépouiller entièrement; ensuite ils se faisaient traîner par les rues dans des tombereaux pleins d'ordures, d'où ils prenaient plaisir d'en jeter à la populace qui s'assemblait autour d'eux. Ils s'arrêtaient et faisaient de leurs corps, des mouvements et des postures lascives, qu'ils accompagnaient de paroles impudiques. Les plus libertins d'entre les séculiers, se mêlaient parmi le clergé pour faire aussi quelques personnages de fous en habits ecclésiastiques, de moines et de religieuses. Enfin, dit un savant auteur, c'était l'abomination de la désolation dans le lieu saint et dans les personnes de l'état le plus saint.

Dans certains diocèses, après la fête de Noël, il se faisait quatre danses dans l'église, savoir : des lévites ou diacres, des prêtres, des enfants ou clercs, et des sous-diacres. Il y avait même certaines églises où les évêques et les archevêques jouaient aux dés, à la paume, à la boule et aux autres jeux; dansaient et sautaient avec leur clergé, dans les monastères, dans les maisons épiscopales, et où ce divertissement s'appelait la liberté de décembre, à l'imitation des anciennes saturnales.

Une circulaire que l'université de Paris écrivit aux prélats et aux églises de France, en 1444, porte que dans le temps même de la *célébration de l'office divin*, les ECCLÉSIASTIQUES y paraissaient les uns avec des masques d'une figure monstrueuse, les autres en habit de femmes, de gens insensés et d'histrions ; qu'ils élisaient un évêque ou un archevêque des fous, qu'ils le revêtaient d'habits pontificaux, lui faisaient donner la bénédiction à ceux qui chantaient les leçons des matines, et au peuple; qu'ils faisaient l'office et y assistaient en habits séculiers, qu'ils dansaient dans le chœur et y chantaient des chansons dissolues, qu'ils y mangeaient jusque sur l'autel, et proche du célébrant, qu'ils jouaient aux dés et faisaient des encensements avec la fumée de leurs vieux souliers qu'ils brûlaient, qu'ils y couraient et dansaient sans aucune honte, qu'ensuite ils se promenaient dans les villes, sur les théâtres et dans des chariots, à dessein de se faire voir ; et qu'enfin pour faire rire le peuple, ils faisaient des postures indécentes, et proféraient des paroles bouffonnes et impies.

Dans l'église de Reims, on amenait dans le chœur, un enfant avec la mitre, la chape, les gants, la crosse et les autres ornements épiscopaux, et il donnait dans cet accoutrement, *la bénédiction au peuple*. De l'église on le conduisait par la ville avec des jeux et des bouffonneries indécentes, et en certaines provinces on poussait si loin cette *farce*, que les *ecclésiastiques* créaient tous les ans sur un théâtre dressé à la porte de l'église (*un théâtre dressé à la porte de l'église! n'est-ce pas compléter tout-à-fait la profanation?*), un évêque des fous, à qui l'on préparait un festin ridicule, après l'avoir accompagné à *grand bruit* et *indécemment* dans la ville; coutume qui fut abolie par arrêt du parlement de Paris.

Un docteur en théologie soutint une thèse publique à Auxerre, dans laquelle il voulut démontrer que *la fête des fous*, si fort en vogue, en ce temps, *n'était pas moins approuvée de Dieu que la fête de la Conception de Notre-Dame*. N'est-ce pas le comble de l'hérésie, de la profanation?

Ces cérémonies obscènes qui tiennent du paganisme, et qui sont mille fois plus odieuses, plus répréhensibles que ce qui ce passe sur nos théâtres, ont cependant été pratiquées par le *clergé* de France, au-delà de quatre cents ans, car elles se prolongèrent plus loin même qu'en 1444.

« Ce serait mal raisonner, dit le célèbre théologien Charlier de *Gerson*, chancelier et chanoine de l'église de Paris, de conclure que ces folies païennes ont été sanctifiées par la religion chrétienne. Mais encore quelles folies, telles en vérité qu'elles seraient incroyables, si nous n'avions les évêques et les docteurs de ce temps-là pour témoins, qui disent que c'étaient d'horribles abominations, des actions honteuses et criminelles, mêlées par une infinité de folâtreries et d'insolences ; car il est vrai que si tous les diables de l'enfer avaient à fonder une fête dans nos églises, ils ne pourraient pas ordonner autrement que ce qui se faisait alors. »

Voilà un théologien, voilà un chancelier de l'Église de Paris, qui se rend digne de son ministère, et qui ose blâmer hautement de telles pratiques!

A Châlons-sur-Saône, selon le Père Perry, jésuite, la veille du jour des innocents, les enfants de chœur élisaient parmi eux un évêque, et lui rendaient, autant qu'il en pouvait être capable, les honneurs et les respects qui sont dus à un véritable évêque. La chose était assez ridicule. Ce bel évêque se plaçait dans le siége épiscopal durant l'office de ce jour-là, et avait autour de lui ses officiers. Les chanoines leur quittaient leurs places, et faisaient dans le chœur toutes les fonctions qui sont destinées à ces enfants. On sonnait les cloches en carillon; et d'abord que le dernier coup des vêpres et de la messe était sonné, les enfants de chœur allaient quérir en procession l'évêque en la maison de la maîtrise, ils l'amenaient dans l'église avec la même cérémonie.

A *Dijon*, dans l'église de Saint-Étienne, on faisait une espèce de *farce* sur un théâtre devant cette église, où l'on récitait toutes sortes de sottises, et où l'on rasait la barbe au préchantre des *fous*. Les *vicaires* couraient par les rues, avec *fifres*, *tambours*, et autres *instruments*, et portaient des lanternes devant le préchantre.

A *Sens*, la *fête des fous* était célébrée avec la plus grande solennité; on en trouve tous les détails dans le diptyque (ancien registre des églises) qui est conservé dans la bibliothéque de cette ville, et dont M. Tarbé, l'un des écrivains les plus laborieux et les plus estimables de cette province, possède une copie, dans une bibliothéque précieuse qu'il a formée pour ses propres travaux. Ce diptyque contient le *fameux office des fous*, et l'on y voit que le sujet de la première feuille paraît être le *triomphe de Bacchus*, avec tous les accessoires de la vendange. Le *Dieu* est debout, barbu, un peu âgé et nu; près de lui, se trouve placé son ami *Pan*: et son char, traîné par un centaure et une centauresse, semble sortir du sein des eaux sur lesquelles on voit les divinités de la mer. *Vénus*, *Diane* et d'autres dieux du paganisme, sont représentés dans les autres feuilles. *L'office* du jour de cette fête, dans laquelle on répétait cent fois, cette exclamation consacrée dans les Bacchanales, *Evohe! Evohe!* renferme les *prières* les *plus singulières*, et a été composé par Pierre de Corbeil, *archevêque de Sens*, qui mourut l'an 1222. Il commence par ces quatre vers :

Festum stultorum de consuetudine morum,
Omnibus urbis senonis festivat nobilis annis,
Quo gaudet præcentor, tamen omnis honor.
Sit christo circumciso nunc semper et almo.

On lit ensuite ce distique :

Tartara Bacchorum non pocula sunt fatuorum,
Tartara vincentes, sic fiunt ut sapientes.

Ce quatrain peut s'entendre de cette manière : *tous les ans la ville de Sens célèbre, d'après les anciens usages, la fête des fous; ce qui réjouit le préchantre; cependant, tout l'honneur doit être pour le Christ, qui nous est et nous sera toujours favorable.*

Mais à la fête des fous, dans certains diocèses, on réunissait celle des *cornards* et celle de *l'âne*.

La fête de *l'âne* avait lieu le jour de la Circoncision; son objet était d'honorer l'humble et utile animal qui avait assisté à la naissance de Jésus-Christ, et l'avait porté sur son dos lors de son entrée dans Jérusalem. L'église de *Sens* était une de celles où cette solennité se faisait avec le plus d'appareil; avant le commencement des vêpres, le clergé se rendait processionnellement à la principale porte de l'église, et deux chantres à grosse voix chantaient dans le ton mineur ces deux vers, avant lesquels on lit cette rubrique : Circumcisio domini in januis ecclesiae.

Lux hodie, lux lœtitiœ! me judice tristis,
Quisquis erit, removendus erit solemnibus istis.

« Lumière aujourd'hui, lumière de joie! à mon avis quiconque sera triste, devra être éloigné de ces solennités. »

Ils continuaient sur le même ton les vers suivants :

Sicut hodie procul, invidiæ! procul omniæ mœsta!
Lœta volunt, quicumque colunt asinaria festa.

« Que tous les sentiments d'envie soient bannis aujourd'hui ! loin d'ici tout ce qui est triste ! ceux qui célèbrent la fête de l'âne ne veulent que de la gaieté. »

Ici on lit en rubrique *conductus ad tabulam*; après cette rubrique, deux chanoines députés se rendaient alors auprès de l'âne, pour le conduire à la table, qui était le lieu où le préchantre lisait l'ordre des cérémonies, et proclamait les noms de ceux qui devaient y prendre part. A *Beauvais*, le 14 janvier, l'âne portait sur son dos, jusqu'à la porte, une jeune et jolie fille, qui figurait la vierge Marie, tenant le petit Jésus entre ses bras. On couvrait le modeste animal d'une belle chape, depuis l'église cathédrale jusqu'à St. Étienne ; on faisait entrer la jeune fille dans le sanctuaire, et on la plaçait avec son âne du côté de l'évangile : on commençait ensuite la messe solennelle, et après l'épître, on entonnait la célèbre prose qui a été publiée tant de fois, et toujours avec des variantes, parce qu'elle se chantait différemment dans les églises de France; car ces différences sont trop considérables et trop nombreuses pour les attribuer seulement, comme on l'a fait, à des fautes de copistes Cette prose se chantait sur un ton majeur.

La prose de l'âne qu'on chantait à *Sens* paraît la plus authentique et la plus complète ; la voici avec sa traduction, extraite des cérémonies religieuses :

Orientis partibus,

Adventavit asinus,
Pulcher et fortissimus,
Sarcinis aptissimus.
Hé, sire âne, hé!

Des contrées de l'Orient il est arrivé un âne, beau et fort, et propre à porter des fardeaux. Hé, sire âne, hé!

Hic, in collibus Sichen
Enutritus sub Ruben,
Transiit per Jordanem,
Saliit in Bethleem.
Hé, sire âne, hé!

Cet âne a été nourri par Ruben, sur les collines de Sichen; il a traversé le Jourdain et a sauté dans Bethléem. Hé, sire âne, hé!

Saltu vincit hinnulos,
Damas et capreolos,
Super dromedarios,
Velox medianeos.
Hé, sire âne, hé!

Il peut vaincre à la course les faons, les daims et les chevreuils, il est plus rapide que les dromadaires de Madian. Hé, sire âne, hé!

Aurum de Arabia,
Thus et myrrham de Saba,

Tulit in ecclesia,
Virtus asinaria.
Hé, sire âne, hé!

La vertu de cet âne a porté dans l'église l'or de l'Arabie, l'encens et la myrrhe du pays de Saba. Hé, sire âne, hé!

Dum trahit vehicula,
Multa cum fascicula,
Illius mandibula,
Dura terit pabula.
Hé, sire âne, hé!

Pendant qu'il traîne les chariots remplis de bagage, sa machoire broie un dur fourrage. Hé, sire âne, hé!

Cum aristis hordeum,
Comedit et corduum,
Triticum à paleā,
Segregat in area.
Hé, sire âne, hé!

Il mange l'orge avec sa tige, il se repaît de chardons; et dans l'aire il sépare le froment de la paille. Hé, sire âne, hé!

Amen dicas asine
Jam satur ex gramine
Amen, amen, itera,
Aspernare vetera.
Hé, sire âne, hé!

Âne déjà saoul de grains, dites amen, dites amen amen de rechef, et méprisez les vieilleries. Hé, sire âne, hé!

Après la première strophe, on trouve dans les copies de cette prose le couplet suivant qui se chantait peut-être dans quelques églises:

> Lentus erat pedibus,
> Nisi foret baculus,
> Et eum in clunibus
> Pungeret.
> Hé, sire âne, hé!

Sa marche était lente si l'on ne faisait usage du bâton, et si on ne lui en faisait sentir l'aiguillon sur les fesses. Hé, sire âne, hé!

Après la seconde strophe, on trouve encore dans les mêmes copies cet autre couplet:

> Ecce magnis auribus,
> Subjugalis filius,
> Asinus egregius,
> Asinorum dominus
> Hé, sire âne, hé!

Voici ce beau fils aux grandes oreilles, qui porte le joug; âne superbe, et seigneur des ânes. Hé, sire âne, hé!

On sent qu'il est facile de multiplier ces couplets à l'infini. La seconde strophe, où l'on trouve les mots : *saliit in Bethleem*, prouve, comme je l'ai déjà dit, que toute cette cérémonie avait rapport au rôle que l'âne joue dans la nativité du Christ; et qu'elle ne doit son origine ni à l'âne de Lucien ou d'Apulée, ni à l'âne de Balaam, comme quelques auteurs l'ont prétendu.

Voici comme du Cange donne le refrain :

> Hez sire âne car chantez,
> Belle bouche rechignez;
> On aura du foin assez
> Et de l'avoine à planter.

Ce refrain me paraît plus moderne que celui de Sens, qui est aussi plus simple. Voici encore, selon du Cange, le refrain du dernier couplet :

> Hez va! hez va! hez va hez!

Biala sire âne car allez-
Belle bouche car chantez.

Cette prose était suivie d'une antienne composée de commencements de psaumes, où, de deux en deux vers, on répétait l'exclamation bachique et profane, evovæ :

> Virgo hodie fidelis,
> Dixit dominus, evovæ !
> Virgo verbo concepit,
> Confitebor, evovæ !
> Nescia mater,
> Beatus vir, evovæ !
> Virgo Dei genitrix,
> De profondis, evovæ !
> Hodie memento, domine, evovæ !

« Le Seigneur dit, evovæ ! une vierge fidèle, evovæ ! a conçu aujourd'hui du verbe. J'avouerai, evovæ ! mère sans le savoir, heureux époux, evovæ ! vierge mère de Dieu, de profundis, evovæ ! souvenez-vous aujourd'hui, Seigneur, evovæ ! » Cette acclamation evovæ se répétait plusieurs fois dans le cours de l'office.

Après ces proses, le célébrant lisait les tables, et entonnait vêpres ; il chantait le Deus in adjutorium, et le chœur le terminait par un alleluia coupé de la manière suivante :

>Alle—resonent omnes ecclesiæ,
>Cum dulci melo symphoniæ,
>>Filium Mariæ,
>>Genitricis piæ,
>>Ut nos septiformis graciæ
>>Repleat donis et gloriæ,
>>Unde Deo dicamus—luia.

« Alle — que toutes les églises chantent au son d'une douce symphonie, le fils de Marie, mère pieuse, afin qu'il nous remplisse des dons de la grâce septiforme et de la gloire, et que nous puissions dire à Dieu—luia. » Il y a des livres où on lit une prose dans laquelle le mot alleluia est, à certaines solennités, coupé par quatre

mots de la manière suivante : alle —
cœleste nec non et perenne — luia;
mais ici le mot alleluia est coupé par
vingt-deux mots; ce qui est bien plus
bizarre, et par conséquent bien plus
convenable à un office de la messe
des fous.

Deux chantres à grosse voix an-
nonçaient ensuite le commencement
de l'office par ces trois vers :

Hœc est clara dies, clararum clara dierum,
Hœc est festa dies, festarum festa dierum,
Nobile nobilium, rutilans diadema dierum.

Ces trois vers, selon l'expression
du manuscrit, devaient être chantés
in falso. Si la rubrique qui ordonnait
de chanter ainsi était bien observée,
cela devait faire un terrible chari-
vari : mais ces mots *in falso* pourraient aussi indiquer cette espèce de
musique composée de plusieurs voix
qui chantent en harmonie; ce que

nous appelons en *faux bourdon*, et que le célèbre Gerbert, dans son traité de la musique d'Église, a nommé *musica falsa*; mais nous verrons par l'intimation faite au clergé lors de la suppression de la fête des fous, de chanter mélodieusement, et sans dissonance, que le chœur devait s'étudier à fausser réellement le plus qu'il était possible; et il profitait de la permission.

La prière suivante se chantait à deux ou trois voix.

Trinitas, deitas, unitas æterna;
Majestas, potestas, pietas superna;
Sol, lumen et numen, cacumen, semita;
Lapis, mons, petra, fons, flumen, pons et vita :
Tu sator, creator, amator, redemptor luxque perpetua;
Tu nitor et decor, tu candor, tu splendor et odor, quo vivunt mortua.
Tu vertex et apex, regum lex, lex et vindex, tu lux angelica;
Quem clamant, adorant, quem laudant, quem cantant, quem amant agmina cœlica;
Tu theos et heros, dives flos, vivens ros, rege

nos, salva nos, perduc nos ad thronos superos et vera gaudia.

Tu decus et virtus, tu justus et verus, tu sanctus et bonus,

Tu rectus et summus dominus, tibi sit gloria.

« Trinité, divinité, unité éternelle;

« Majesté, puissance, piété d'en haut;

« Soleil, lumière et volonté divine, comble de la perfection, sentier;

« Pierre, montagne, rocher, fontaine, fleuve, pont et vie.

« Toi père, créateur, amateur, rédempteur et lumière perpétuelle;

« Toi éclat et ornement, toi blancheur, toi splendeur et odeur dans lequel vivent les morts;

« Toi cime et sommet, roi des rois, loi et vengeur des lois, toi lumière angélique;

« Qu'appellent, qu'adorent, que louent, que chantent, qu'aiment les cohortes célestes!

« Toi Dieu et héros, riche fleur, rosée vivante, gouverne-nous, conduis-nous aux trônes célestes et à la véritable joie;

« Toi dignité et vertu, toi le juste et le vrai, toi le saint et le bon;

« Toi le Seigneur véritable et suprême, à toi soit la gloire.

Les matines étaient séparées, ce jour-là, en trois nocturnes ou veillées. La longueur des nuits rendait la chose facile, et d'ailleurs cet usage donnait un caractère plus singulier et plus particulier à cette fête; à chaque nocturne on faisait une invitation; du reste l'office entier était une véritable rapsodie de tout ce qui se chantait pendant le cours de l'année; on y retrouve toutes les pièces des autres offices, celles des fêtes des saints, des mystères, les chants de Pâques, ceux du carême; des fragments de psaumes : les morceaux tristes sont mêlés avec les morceaux joyeux, c'est l'assemblage le plus bizarre qu'on puisse imaginer. Cet office devait durer deux fois plus long-temps que ceux des plus grandes fêtes : il était bien nécessaire que les chantres et les assistants se désaltérassent de temps en temps; aussi n'y manquaient-ils pas. Ce rafraîchissement est même indiqué par article exprès intitulé *Conductus ad poculum;* tout l'office était entremêlé de morceaux en prose et en vers léonins, au milieu et à la fin. Dans l'intervalle des leçons on faisait manger et boire l'âne; enfin, après les trois nocturnes, on le menait dans la nef, où tout le peuple, mêlé au clergé, dansait autour de lui : on tâchait d'imiter son chant. Lorsque la danse était finie, on le reconduisait au chœur, où le clergé terminait la fête. Pendant que l'on conduisait l'âne, on chantait le morceau suivant, qui, dans le missel, a pour titre : *Conductus ad ludos.*

Natus est, natus est, natus est hodie dominus,
    Qui mundi diluit facinus,
    Quem pater factor omnium
    In hoc misit exilium,
    Ut facturam redimeret,
    Et paradiso redderet.
    Nec, nec, nec minuit quod erat.

Assumens quod non erat :
Sed, carnis sumpto pallio,
In virginis palatio, o,
Ut sponsus e thalamo, o,
Processit ex utero, o ;
fllos de Jesse virgula
A fructu replet sœcula, a,
Hunc prœdixit prophetia
Nasciturum ex Maria :
Quando flos iste nascitur,
Diabolus confunditur.
Et moritur mors, et moritur mors, et moritur mors.
Te Deum laudamus.

Ces O et A ne sont sans doute qu'une répétition musicale de la dernière syllabe.

Voici la traduction :

« Il est né, il est né, il est né aujourd'hui, le Seigneur qui efface les péchés du monde, que le Père, créateur de tout, a envoyé dans ce lieu d'exil, pour racheter sa créature et la rendre au paradis ; il n'a pas, il n'a pas, il n'a pas diminué ce qu'il était, en devenant ce qu'il n'était pas, mais en prenant l'enveloppe de chair (un corps), dans le palais (le sein) de la Vierge, comme l'époux sort de la chambre nuptiale, il est sorti du sein de sa mère; la fleur de la branche de Jessé remplit les siècles de son fruit. C'est lui que la prophétie a prédit devoir naître de Marie : quand cette fleur paraîtra, le diable sera confondu, et la mort mourra; nous te louons, Seigneur. »

Beaucoup de passages de cet office sont relatifs à l'immaculée conception. L'auteur s'exprime à ce sujet, d'une manière singulière; il appelle la Vierge.

Virgo et gravita, mater intacta.
«Vierge et enceinte, mère intacte.»

Il dit ailleurs :

Flatu sacro plena fies, Maria.
« Marie, vous deviendrez pleine du souffle divin. »

Ailleurs :

> Intra tui uteri claustra
> Portas qui gubernat æthera.

« Vous portez dans les cloisons de votre sein celui qui gouverne les cieux. »

Ailleurs encore :

> Per aurem imprægnatum,
> Beata quæ credidit,
> Concepit et edidit
> Summi patris filium :
> Nec pudor amissus est,
> Nec dolor admissus est,
> Per hoc puerperium.

« Heureuse celle qui a cru, qui a conçu et mis au monde le fils du Père tout-puissant, engendré par l'organe de l'ouïe; la pudeur n'a point souffert, la douleur n'a point été ressentie dans cet enfantement. »

Plus bas on lit :

> Dies festa colitur,

Tange symphoniam ;
Nam puer nascitur
Juxta prophetiam,
Ut gigas egreditur
Ad curendam viam :
Felix est egressio
Perquam fit remissio.

« On célèbre un jour de fête : touchez la symphonie (le tambour à deux côtés); car l'enfant qui naît selon la prophétie, sort comme un géant pour entrer dans la voie (le monde) : c'est une heureuse sortie (naissance) que celle qui produit la rémission. »

Après les premières vêpres et les complies, le préchantre de Sens conduisait dans les rues la bande joyeuse, précédée d'une énorme lanterne : on allait au grand théâtre dressé devant l'église : on y répétait les *farces* les plus indécentes. Le chant et la danse étaient terminés par des sceaux d'eau que l'on jetait sur le corps du préchantre. L'office de la messe est du même genre que celui de la veille de Noël; le prêtre disait à l'introït : *puer natus est; cantate evovœ.*

Le *pater* et le *credo* sont une paraphrase du *pater* et du *credo* ordinaires; tout y est relatif à la divine conception et à la nativité.

Evovœ remplace partout le mot *Amen.*

Les vêpres sont du même genre, et n'ont rien de particulier.

Le missel est terminé par trois épitres, pour les fêtes de Saint Étienne, des Innocents et de Saint Jean; l'une d'elles commence par ces mots : *Ut queant laxis resonare fibris,* etc., dont J.-J. Rousseau a fait graver la musique à la fin de son Dictionnaire.

La rubrique *ad prandium,* qui terminait les prières des premières et des secondes vêpres, prouve qu'après cet office on allait se mettre à table; le répons contenait une invocation à Jésus-Christ et à la Sainte-Vierge, pour exciter à la bonne chère et inspirer des propos joyeux. Mais si l'on y invitait à bien *manger*, on n'oubliait pas de bien *boire*, ainsi que cela est prouvé par cette rubrique, *conductus ad poculum*.

Le zèle et la piété de certains prélats, et la sagesse de nos parlements, ont cependant fait cesser ces véritables profanations, mais ce fut avec beaucoup de peine; car on voit encore en 1511 un préchantre des fous, appelé *Bissard*, se permettre de faire tondre la barbe à la manière des comédiens, et de jouer quelque personnage dans la fête de la circoncision; car cela lui fut défendu, parlant à sa personne, et la fête des fous n'eut pas lieu cette année.

A *Beauvais*, dans la fête de l'âne, l'*introït*, le *kyrie eleison*, le *gloria in excelsis* étaient toujours terminés par le cri, hin, han, qui imite celui de l'âne; et à la fin de la messe, le prêtre se tournant vers le peuple, au lieu de dire l'*ite, missa est*, criait trois fois, hin, han, à quoi le peuple répondait de même et trois fois, au lieu du *Deo gratias*.

Fête de l'âne à Autun, dite aussi des fous ou des sous-diacres. Dans cette église on couvrait un *âne* d'un drap tissu d'or, dont les principaux chanoines portaient les quatre coins; le reste du chapitre escortait l'âne en grande cérémonie. Plus la chose était ridicule en elle-même, plus on s'efforçait de la rendre pompeuse et magnifique; et, par ce moyen, elle devenait encore plus ridicule aux yeux des gens sensés. Mais cet éclat et ce grand appareil en imposaient au vulgaire, et lui inspiraient du respect.

Fête des fous et de l'âne à Rouen. On dressait au milieu de la nef de l'église cathédrale de Rouen une fournaise avec du linge et des étoupes, et lorsqu'on avait chanté tierce, la procession commençait autour du cloître, et venait s'arrêter au milieu de l'église, au milieu des deux bandes qui représentaient, l'une les Juifs, l'autre les Gentils. Il y avait aussi une troupe *d'ecclésiastiques grotesquement habillés*, qui jouaient les prophètes de l'Ancien Testament, tels que Moïse, Aaron, Daniel, etc.; venait ensuite Balaam monté sur son ânesse, qui s'efforçait à coups d'éperons de la faire avancer; mais un *ecclésiastique* glissé sous le ventre de l'ânesse disait pour elle à Balaam: *Pourquoi me déchirez-vous ainsi avec l'éperon?* Sainte-

Élisabeth et St.-Jean-Baptiste figuraient aussi dans cette scène extravagante, qui finissait par le simulacre de jeter dans la fournaise des jeunes gens qui s'étaient montrés rebelles aux ordres du roi Nabuchodonosor.

Voilà donc une *ânesse* introduite dans l'intérieur d'une église, et qui réunit autour d'elle des ecclésiastiques déguisés, qui remplissent des rôles mille fois plus ridicules, plus scandaleux que tout ce qui peut être représenté sur nos théâtres! Cette mascarade était terminée par une *sybille* qui avait une couronne sur la tête, et qui lançait ses oracles.

A *Viviers* on célébrait encore la fête des fous avec des impiétés et des extravagances qui ne le cédaient en rien aux descriptions qu'on vient de lire; mais ce diocèse avait de plus la cérémonie de la fête des *Saints-Innocents*, qui était une des plus scandaleuses du temps. Ce jour-là on élisait l'*évêque* des fous, qui était porté sur les épaules des clercs, précédé d'une clochette, dans le palais épiscopal, dont toutes les portes s'ouvraient à son arrivée, soit que l'évêque véritable fût présent ou absent. On le portait devant une des fenêtres du palais, d'où il donnait sa bénédiction, tourné vers la ville. L'impiété se mêlait à cette bouffonnerie. Le prétendu prélat faisait toutes les fonctions du véritable évêque. Il assistait aux offices dans la chaire de marbre destinée pour l'évêque; et même il officiait pontificalement pendant trois jours, distribuant au peuple des bénédictions et des indulgences accompagnées de formules impertinentes, dans lesquelles il souhaitait par dérision, à ceux qu'il bénissait, quelque maladie ridicule et plaisante. Enfin, pour achever de faire connaître les excès auxquels on se portait dans cette fête, il suffit de rapporter ce qu'on lit à ce sujet dans la lettre circulaire de la faculté de théologie à Paris, que nous avons citée au commencement de cet article. « Dans le temps même de la célébration de l'office divin, des gens, ayant le visage couvert de *masques hideux*, déguisés en femmes, revêtus de peaux de lion, ou bien habillés en farceurs, dansaient dans l'église d'une manière indécente ; chantaient dans le chœur des chansons déshonnêtes ; mangeaient de la viande sur le coin de l'autel, auprès du célébrant ; jouaient aux dés sur l'autel ; faisaient brûler de vieux cuirs au lieu d'encens, couraient et sautaient par toute l'église comme des insensés, et profanaient la maison du Seigneur par mille indécences. » Cette fête s'était tellement accréditée, et les clercs la regardaient comme une cérémonie si importante, qu'un clerc du diocèse de Viviers, qui avait été élu évêque des fous, ayant refusé de s'acquitter des fonctions de sa charge, et de faire les dépenses qui y étaient attachées, fut cité en justice comme un prévaricateur. L'affaire fut long-temps agitée par devant l'official de Viviers, et enfin soumise à l'arbitrage des trois principaux chanoines du chapitre. Ces graves arbitres rendirent un arrêt qui condamnait l'accusé, nommé *Guillaume Taynoard*, aux frais du repas qu'il devait donner en qualité d'évêque des fous, et qu'il avait refusé de payer sans raison légitime ; et lui enjoignait de donner ce repas à la prochaine fête de Saint-Barthélemi, Apôtre.

Fête des fous à Besançon. La fête des fous à Besançon avait cela de particulier, qu'elle était suivie de plusieurs cavalcades, qui se chargeaient d'injures mutuellement, et même poussaient les choses quelquefois jusqu'à en venir aux mains.

Parmi les statuts en quarante articles, publiés au mois d'août 1387, et donnés par le cardinal Thomas de Naples, délégué par Clément VII, pour visiter les églises de Besançon, il y en a un qui regarde la fête des fous qui se faisait séparément dans chaque église. « Pour ôter, dit-il, les occasions de division et de scandale qui arrivent ordinairement dans cette fête, il est ordonné de la faire à tour dans chaque église, de même que la cavalcade qui se faisait dans la ville. »

L'on faisait la fête des fous dans

les deux cathédrales (1) de Saint-Jean et de Saint-Étienne, et dans les deux collégiales de St.-Paul et de Sainte-Madeleine, pendant les fêtes de Noël; les prêtres, le jour de la Saint-Jean, les diacres et les sous-diacres, le jour de la Saint-Étienne; les enfants de chœur et les chantres, le jour des Saints-Innocents. Chaque ordre élisait un cardinal dans les deux cathédrales exemptes de la juridiction de l'ordinaire, un évêque ou un abbé dans les deux collégiales. On les ap-

---

(1) Il y avait alors deux cathédrales qui se disputaient la primauté, celle de Saint-Jean, et celle de Saint-Étienne; elles avaient chacune leurs dignités, telles que celles d'archidiacre, doyen, etc. Elles furent réunies en 1253, et les deux chapitres n'en firent plus qu'un seul, quoiqu'ils continuassent à servir chacun dans leur église; il n'y eut plus alors qu'un doyen, un grand archidiacre, etc.; et en 1668 le roi d'Espagne termina le différent en faisant raser celle de Saint-Étienne pour faire construire en sa place une citadelle.

pelait les rois des fous, parce qu'on les revêtait des habits de leur dignité, qu'on les conduisait en cortége à la place de l'officiant, où ils siégeaient accompagnés d'officiers ; là on leur rendait des hommages bouffons, ils donnaient des bénédictions, et l'on célébrait leur élévation par un chant bizarre et ridicule. Le bas chœur tenait à l'église les hautes formes, conduisait son roi en cavalcade par la ville, l'accompagnait en habits grotesques, et divertissait le public par des bouffonneries. Quand les cavalcades des différentes églises se rencontraient, elles se chantaient pouille, et l'on en est venu quelquefois aux mains. Il fallait que cet abus fût bien enraciné dans les églises de Besançon, puisqu'un cardinal, délégué du saint-siége pour visiter les deux cathédrales, ne l'a pas aboli, et s'est contenté d'y apporter quelques réglements. Il fut enfin supprimé du consentement de toutes les églises de la ville, en 1518, à l'occasion d'un combat sanglant qui se fit sur le pont entre deux de ces cavalcades.

A Amiens, la fête des Fous était célébrée après Noël, par quatre danses qu'on faisait dans l'église ; la première troupe de ces danseurs était composée des *diacres* ; la seconde des *prêtres*, la troisième des *enfants de chœur*, et la quatrième des *sous-diacres*. Après s'être livrés à ces divertissements profanes, dans le lieu saint, venait ensuite la débauche, qui a fait nommer, ainsi que je l'ai déjà dit plus haut, cette fête celle des *saouls-diacres*, ou *diacres-saouls*, par allusion critique à *sous-diacres*.

A *Lisieux*, le jour de la St. Barnabé, les chanoines de la cathédrale faisaient une cavalcade ecclésiastique en l'honneur de *St. Ursin*, semblable à celle qui se faisait à *Autun* le 31 août. Elles furent supprimées dans la suite, par le même motif qui détermina la suppression de la fête des fous.

A *Chaumont*, en Bassigny, on célébrait aussi tous les sept ans une fête en l'honneur de St. Jean-Baptiste, qui, à cause du tumulte et des orgies qu'elle occasionnait, était surnommée la *diablerie* de Chaumont.

J'ai parlé, au chapitre qui traite des comédiens, de l'institution de la *mère-sotte* de Paris; mais il y avait aussi à *Dijon*, une société établie sous le nom de la *mère-folle* ou *mère-folie*, qui célébrait ses saturnales au temps de carnaval. Les personnes de qualité, deguisées en vignerons, couraient les rues, chantaient sur des chariots des chansons et des satires qui servaient de critique aux mœurs du temps. Cette compagnie existait en Bourgogne avant 1454, et Philippe-le-Bon lui accorda des statuts confirmatifs cette même année ; une autre approbation de la même société eut lieu en 1482, par Jean d'Amboise, évêque, duc de Langres et lieutenant pour le roi en Bourgogne; ces deux actes sont en *vers* du temps, et scellés du sceau de ceux qui les ont souscrits.

Voici un diplôme de réception délivré à Louis Barbier de la Rivière, évêque de Langres (depuis 1655 jusqu'en 1670); sa contexture est digne de remarque, et il est fort singulier, qu'un *évêque* qui était *pair ecclésiastique*, et qui fut même au moment d'être élevé au *cardinalat*, l'ait accepté :

« Les superlatifs et mirelifiques

Loppinants de l'infanterie dijonnoise, nourrissons d'Apollon et des muses, enfants légitimes du vénérable père Bontemps, à tous fous, archifous, lunatiques, éventés, poètes par nature, par beccare, et par bémol, almanachs vieux et nouveaux, présents, absents et à venir, salut, pistoles, ducats, portugaises, jacobus, écus et autres triquedondaines, savoir faisons, que haut et puissant seigneur de la Rivière, *évêque, duc et pair de Langres*, ayant en *désir* de se trouver en l'assemblée de nos goguelus et aimables enfants de l'infanterie dijonnoise, et se reconnaissant capable de porter le chaperon de trois couleurs, et la marotte de sage folie, pour avoir en eux toutes les allégresses de mâchoires, finesses, galantises, hardiesse, suffisance et expérience des dents qui pourraient être requises à un mignon de *cabaret*, aurait aussi reçu et couvert sa caboche du dit chaperon, pris en main la célèbre marotte, et protesté d'observer et soutenir la dite folie à toute fin, voulant à ce sujet être empaqueté et inscrit au nombre des enfants de notre redoutable dame et mère, attendu la qualité d'homme que porte le dit seigneur, laquelle est toujours accompagnée de folie; à ces causes, nous avons pris l'avis de notre dite dame et mère, et avons par ces présentes, *hurelu Berelu*, reçu et impatronisé, recevons et impatronisons le dit seigneur de la Rivière en la dite infanterie; de sorte qu'il y demeure et soit incorporé au cabinet de l'inteste, tant que folie durera, pour y exercer telle charge qu'il jugera être méritée par son instinct naturel, aux honneurs, priviléges, prérogatives, prééminence, autorité, puissance et naissance que le ciel lui a donnés, avec pouvoir de courir par tout le monde, y vouloir exercer les actions de folie, et y ajouter ou diminuer, si besoin est; le tout aux gages dus à sa grandeur, assignés sur la défaite et ruine des ennemis de la France, desquels lui permettons se payer par ses mains, aux espèces qu'il trouvera de mise. Car ainsi il est désiré, et souhaité. Donné à Dijon. »

L'une des devises de cette société, dans laquelle figure un *évêque*, duc, et pair ecclésiastique, était :

Le monde est plein de fous, et qui n'en veut pas voir,
Doit se tenir tout seul, et casser son miroir.

Mais veut-on se convaincre de l'abus qui était fait par les ecclésiastiques eux-mêmes des choses les plus saintes et les plus sacrées?

Un carme déchaussé d'Orléans, nommé frère *Arnoux de St. Jean Baptiste*, faisait contracter à ses dévotes avec notre Sauveur Jésus-Christ, une alliance spirituelle fort singulière. Voici le contrat de mariage qu'il leur faisait passer, et qu'il recevait lui-même en qualité, disait-il, *d'indigne secrétaire de Jésus*. En l'année 1669, il y avait un de ces contrats en original entre les mains de M. le curé de St. Donatien d'Orléans, qui voulut bien permettre à M. Toinard, si connu par son érudition profonde, d'en tirer une copie sur laquelle un de mes amis en prit une autre, dont voici la teneur :

« Je, Jésus, fils du Dieu vivant, l'époux des ames fidèles, prens ma fille Madeleine Gasselin pour mon épouse, et lui promets fidélité, et de ne l'abandonner jamais, et lui donner pour avantage et pour dot ma grâce en cette vie, lui promettant ma gloire en l'autre et le partage à l'héritage de mon père, en foi de quoi j'ai signé le contrat irrévocable de la main de mon secrétaire. Fait en présence de mon père éternel, de mon amour, de ma très-digne mère Marie, de mon père St. Joseph et de toute ma cour céleste. L'an de grâce 1650, jour de mon père St. Joseph.

Jésus, l'époux des ames fidèles.

Marie, mère de Dieu.

Joseph, l'époux de Marie.

L'Ange Gardien.

Madeleine, la chère amante de Jésus.

« Ce contrat a été ratifié de la très-Sainte-Trinité, le même jour du glorieux St.-Joseph en la même année. »

Fr. Arnoux de Saint-Jean-Baptiste, carme déchaussé, indigne secrétaire de Jésus.

« Je, Madeleine Gasselin, indigne servante de Jésus, prends mon aimable Jésus pour mon époux, et lui promets fidélité, et que je n'en aurai jamais d'autre que lui, et lui donne pour gage de ma fidélité mon cœur, et tout ce que je ferai jamais ; m'obligeant à la vie et à la mort de faire tout ce qu'il désirera de moi, et de le servir de tout mon cœur pendant toute l'éternité. En foi de quoi j'ai signé de ma propre main le contrat irrévocable, en présence de la sur-adorable Trinité, de la sacrée Vierge Marie, mère de Dieu, mon glorieux père Saint-Joseph, mon ange gardien et toute la cour céleste, l'an de grace 1650, jour de mon glorieux père Joseph.

Jésus, l'amour des cœurs.

Marie, mère de Dieu.

Joseph, l'époux de Marie.

L'Ange Gardien.

Madeleine, la chère amante de Jésus.

Fr. Arnoux de Saint-Jean-Baptiste, carme déchaussé, indigne secrétaire de Jésus. »

« On défie tous les notaires et tous les secrétaires du monde de faire voir, dans leurs protocoles, un contrat de mariage du style de celui-ci. Il est singulier ; il est unique en son espèce. Mais madame Gasselin porta un peu trop loin la fidélité qu'elle avait promise à Jésus-Christ, et la garda trop littéralement. Car, depuis ce contrat, elle fut un an entier sans vouloir vivre avec le sieur Duverger, son mari, procureur au présidial d'Orléans. Il se plaignit d'elle aux carmes déchaussés de cette ville. Ces bons pères la firent rentrer dans son devoir, et éloignèrent Frère Arnoux, qui méritait sans doute un châtiment plus rigoureux. Car ce n'est pas punir un moine que de l'envoyer d'une maison dans une autre de son ordre, sans autre châtiment, parce que les moines, en quelque endroit qu'ils soient, sont toujours chez eux. »

Avant de quitter la ville d'*Orléans*, je crois utile de mentionner une supercherie qui fut employée par les *cordeliers* de cette cité, et qui ne le cède en rien, ou pour mieux dire, qui surpasse toutes celles qui sont employées sur nos *théâtres*.

En 1534, la femme du prévôt d'Orléans mourut, et ordonna par son testament qu'on l'enterrât sans pompe. Son mari, observant sa volonté, donna six écus aux cordeliers où elle devait être enterrée, près de ses aïeux. Ce don ne les contenta pas, ils demandèrent au mari du bois qu'il faisait couper et vendre; il le leur refusa. Furieux de cela, ils résolurent pour se venger de dire que sa femme était damnée éternellement. Colimau et Étienne d'Arras, tous deux docteurs en théologie, furent les auteurs de cette tragédie. Voici comme ils s'y prirent : ils placèrent un jeune novice sur la voûte de l'église, qui, à minuit, lorsqu'on disait les matines, faisait grand tintamarre. Ils s'adressèrent à quelques personnes qui les protégeaient, et les firent venir aux matines. Au commencement *l'esprit* fit tapage. On lui demande ce qu'il est, ce qu'il veut? Il ne répond pas. On réitère; il fait signe qu'il ne peut parler. On lui dit de répondre par signe. (Il y avait un tuyau par lequel il entendait les questions de l'exorciseur, et il répondait oui, en frappant la voûte avec un bâton.) On lui demande s'il est l'esprit de quelqu'un d'enterré dans l'église; il répond oui. On lui nomme plusieurs personnes; on arrive enfin à celui de la femme du prévôt : il répond oui. On demande si elle est damnée; oui. On lui demande pourquoi, en lui citant tout ce qui peut avoir causé la damnation. Enfin, si elle était luthérienne? oui. S'il fallait la déterrer? oui. Ceux qui avaient entendu cela refusèrent leurs témoignages, malgré les instances des cordeliers, par la raison qu'ils voulaient ménager le prévôt. Les cordeliers, désappointés, portèrent leur hostie (qu'ils appellent le *corpus Domini*) avec toutes les reliques des saints dans un autre lieu, où ils dirent la messe, ainsi que cela se fait selon les canons des papes, lorsque quelque lieu est profané, et qu'on doit le rétablir. L'official, averti de ce fait, se transporta aux cordeliers; et tout s'étant répété en sa présence, il ordonna qu'on visitât la voûte pour voir si l'esprit apparaîtrait. Mais les cordeliers s'y opposèrent, disant qu'il ne fallait pas le troubler. L'official, ne pouvant donc se faire obéir, fut trouver le prévôt, qui en appela devant le roi. Le roi nomma quelques conseillers du parlement de Paris, et Antoine Duprat, chancelier et légat du pape, pour juger cette affaire sans appel. Les cordeliers, ne pouvant plus reculer, furent amenés à Paris; mais il ne fut pas possible de rien tirer d'eux. On les avait séparés et mis sous bonne garde. Le novice était chez le conseiller Fumée. Ce novice étant souvent interrogé, ne voulait rien apprendre, dans la crainte que les cordeliers ne le tuassent pour avoir diffamé l'ordre; mais les juges l'ayant assuré qu'il ne lui serait rien fait, il divulgua tout, et étant confronté avec les cordeliers, sa déclaration fut toujours la même. Se voyant convaincus, ils récusèrent leurs juges, et voulurent s'armer de leurs priviléges. Mais cela ne leur servit de rien : ils furent ramenés à Orléans, et mis en prison; ensuite on les conduisit devant la grande église, et de là sur la place où l'on exécute les malfaiteurs, pour y confesser publiquement leurs méchancetés.

Cet exemple de justice de l'autorité séculière était absolument nécessaire pour empêcher les moines et les prêtres de corrompre, par des suppositions de miracles ou de maléfices, la pureté de notre sainte religion, et pour restreindre la cupidité des ecclésiastiques, qui se signalait en toutes circonstances.

Or, la puissance temporelle est donc la véritable conservatrice d'une religion qui mérite tous nos respects et toute notre ferveur; car il est démontré par des traits infinis dont fourmille notre histoire, ainsi que celle de tous les peuples chrétiens, que si les prêtres n'avaient pas toujours rencontré dans la sagesse et la force de l'autorité séculière, une barrière contre leurs écarts, leur ambition et leur ignorance, cette même religion serait anéantie par ses propres ministres, dont les fautes, les égarements et même les crimes (assassinats d'Henri III et d'Henri IV) ne le cèdent en rien aux autres classes de la société.

N'avons-nous pas vu de nos jours un prêtre condamné à mort par la Cour criminelle de Grenoble, pour un forfait et un meurtre atroce qu'il avait commis sur une femme de sa paroisse? donc que les prêtres n'ont de *sacré* que leur *caractère*, et que, du moment où ils s'oublient au point de l'avilir, *ils tombent sous la loi commune*, et reçoivent, comme les autres citoyens, le châtiment dû à leurs crimes ou à leurs délits. La puissance du prince, la puissance des lois, ne créent pas pour eux une exception.

L'autorité du prince, qui est émanée de Dieu même, lui donne la puissance directoriale sur toutes choses ici bas; c'est l'Apôtre *Saint-Paul*, qui nous confirme cette grande vérité :

« Que toute ame, que tout le monde se soumette aux puissances supérieures ; car il n'y a point de puissance qui ne vienne de Dieu, et *c'est lui qui a établi toutes celles qui sont sur la terre;*

« Le PRINCE est le MINISTRE DE DIEU pour votre bien ; (Epître aux Romains.) »

La puissance du prince est donc celle du MINISTRE de Dieu, et lorsque sa sagesse parle, tout le monde doit écouter, tout le monde doit obéir; il est le protecteur placé par la Providence pour veiller à ce que chacun fasse son devoir et jouisse de ses droits. Les ministres des autels, qui, par un faux zèle pour la religion, s'opposeraient aux volontés du souverain, seraient rebelles à la parole de Dieu transmise par le saint Apôtre, rebelles à l'autorité constituée pour le gouvernement et le salut de tous, et jetteraient dans l'ordre social un véritable désordre.

Ainsi la puissance séculière doit toujours montrer un bras armé pour faire respecter la religion, et par les peuples soumis à son administration, et par les prêtres eux-mêmes qui peuvent s'égarer par fois dans un système de fanatisme ou d'envahissement d'autorité, qui est réprouvé et par la religion même, et par les lois de l'État.

MM. les procureurs du roi, MM. les maires des diverses communes du royaume sont les organes des lois, les délégués du prince; ils doivent eux-mêmes donner les marques du plus profond respect pour la religion, et de la plus grande vénération pour les ministres du culte, lorsque ceux-ci, pénétrés de la majesté de leurs fonctions, méritent, par une conduite sage et exemplaire l'estime de leurs paroissiens, mais aussi, lorsqu'ils s'en écartent, il faut que MM. les procureurs du roi, que MM. les maires aient le sentiment de leur dignité, et qu'ils aient assez de force et de courage pour rappeler à leurs devoirs les pasteurs qui s'en égareraient par une erreur quelconque.

Nous allons examiner dans le chapitre suivant, si les prêtres qui agissent avec tant de rigueur contre des citoyens qui exercent une profession voulue et consacrée par les lois du royaume, n'ont pas besoin pour eux-mêmes de l'indulgence des peuples, à l'égard de l'oubli qu'ils manifestent des propres lois ecclésiastiques, qui leur imposent, dans leur conduite privée, des obligations qui sont totalement inexécutées de nos jours.

DE LA DISCIPLINE ECCLÉSIASTIQUE, ET DES OBLIGATIONS IMPOSÉES PAR LES SAINTS CONCILES DANS LA VIE PRIVÉE DES PRÊTRES.

L'influence que les ecclésiastiques ont reprise depuis quelques années était utile pour le bien de la religion, c'est une vérité que tout homme sensé reconnaîtra avec empressement, parce qu'après la révolution funeste que la France a éprouvée, tous les principes de morale se trouvant bouleversés et anéantis, il était salutaire pour la nation qu'un corps respectable dans la société se vouât à leur rétablissement, à leur propagation. La religion chrétienne renferme dans ses principes, dans ses éléments, tout ce qui mène l'homme au bonheur, tout ce qui le rend cher et utile à ses semblables, et la pratique de toutes les vertus qu'elle consacre et qu'elle commande, ne peut que fortifier les nations qui vivent dans sa foi. Le livre de l'Évangile est l'asile le plus assuré des peuples et des rois ; en le méditant, chacun y rencontrera le doigt d'un *Homme-Dieu*, qui a su établir des droits et prescrire des devoirs ; comme homme il a senti combien l'indulgence et la miséricorde étaient nécessaires aux autres hommes ; comme Dieu il a offert, par les principes qu'il a tracés, les moyens de trouver le bonheur ici-bas, et de s'ouvrir la voie à une vie plus longue et plus glorieuse. L'exercice constant de cette religion ne peut donc qu'être conseillé avec ferveur, par les écrivains qui désirent sincèrement l'ordre et le bonheur, dans le système social qui nous régit.

L'Église chrétienne en assujétissant ceux qui suivent son culte à des pratiques hors desquelles il n'y a point de salut, a aussi tracé la ligne des devoirs des ministres de ce même culte; les législateurs ecclésiastiques ont bien préjugé que s'ils n'imposaient pas aux prêtres de donner l'exemple de la chasteté, de la tempérance, de la modestie, de la simplicité et de la charité, les autres chrétiens ne les pratiqueraient pas eux-mêmes, et qu'ainsi une religion, dont l'observance seule doit faire le bonheur des peuples, se trouverait délaissée et anéantie.

Les législateurs ecclésiastiques sont les évêques et les prêtres qui ont composé nos premiers conciles, ces conciles étaient, par rapport à la religion et à l'Église, ce que sont nos assemblées législatives par rapport à nos lois et à la politique qui régit les États;

les lois émanées des conciles se nomment *décrets* et les articles de ces décrets s'appellent *canons*, c'est-à-dire, *articles* de la loi.

Voici donc ce que les lois de l'Église imposent le plus impérativement aux évêques.

« 1° L'évêque doit avoir son *petit logis* près de l'église; ses meubles doivent être de *vil prix*; sa *table pauvre*. IL DOIT SOUTENIR SA DIGNITÉ par sa foi et sa bonne vie. *Canons du IVe concile de Carthage, an* 398;

« 2° L'évêque aura *sa chambre*; et pour les services les plus secrets, des prêtres de bonne réputation, qui le voient continuellement *veiller, prier, étudier l'Écriture sainte,* pour être les témoins et les *imitateurs* de sa conduite; ses repas seront modérés, et on y verra des *pauvres*; il n'aimera ni les oiseaux, ni les chiens, ni les chevaux, ni les habits précieux, et s'éloignera de *tout ce qui tient au faste* ; il sera simple et vrai dans tous ses discours, et méditera continuellement l'Écriture sainte, pour instruire exactement son clergé et *prêcher* aux peuples selon leur portée. *Conc. de Pavie, an 850, can. 1, 3, 4;*

« 3° Les évêques sont exhortés à donner audience aux pauvres, et à ouïr eux-mêmes les confessions. *Conc. d'Oxford, an 1222, can. 2;*

« 4° Il est ordonné aux évêques de prêcher la foi catholique par eux-mêmes et *non par d'autres*. *Conc. d'Arles, an 1234, can. 2.* »

L'inexécution de ces lois, qui sont fondamentales et organiques de la discipline de l'Église, est une des causes principales de l'espèce de défection ou de refroidissement, dans lequel sont tombés la plupart des fidèles : elle leur a servi et leur sert journellement de prétexte pour éluder l'exécution des *canons* qui les concernent personnellement ; ils se familiarisent ainsi avec l'idée que, puisque la parole de Dieu et les préceptes de son Église ne sont pas strictement observés, par ceux qu'il a institués à cet effet, ils peuvent eux-mêmes, sans crainte de *la damnation éternelle*, les enfreindre ou ne pas les pratiquer.

Les ecclésiastiques du second ordre se croient également autorisés à négliger la volonté des conciles dans la pratique de leurs devoirs, par la seule raison qu'ils voient leurs évêques s'en écarter eux-mêmes. Cela est si vrai, qu'il n'est plus question parmi eux d'exécuter les canons qui les touchent, et qu'ils semblent laisser dans un oubli, dans une désuétude absolue, tels que ceux-ci :

1° On renouvelle, dans le concile de Carthage tenu en 349, *la défense déjà faite aux ecclésiastiques, en plusieurs conciles, d'habiter avec des femmes;*

« 2° Aucune femme ne doit demeurer avec aucun des prêtres, mais seulement la mère, l'aïeule, les tantes, les sœurs, les nièces, celles de leur famille qui demeuraient avant leur ordination. 3e *Conc. de Carthage*, an 397, can. 17;

« 3° Les prêtres doivent s'abstenir des grands repas, de la bonne chère, de l'ivrognerie et autres vices. Il serait à souhaiter qu'ils n'assistassent pas même aux noces.

« On défend aux prêtres d'avoir des femmes chez eux, si ce n'est leur mère, leur sœur, leur tante, leur aïeule. *Conc. de Cologne, can.* 1536;

« 4° Afin que les ministres de l'Église puissent être rappelés à cette continence et pureté de vie, si bienséante à leur caractère, et afin que le peuple apprenne à leur porter d'autant plus de respect qu'il les verra mener une vie plus chaste et plus honnête, le S. Concile défend à tous ecclésiastiques de tenir dans leurs maisons, ou dehors, des concubines ou *autres femmes* dont on puisse avoir du soupçon, ni *d'avoir aucun commerce avec elles*, autrement ils seront *punis* des peines portées par les saints canons, ou par les statuts particuliers des Églises;

« 5° Tout prêtre, diacre ou sous-diacre qui, depuis la constitution du pape Léon, aura pris ou gardé une concubine, on lui défend de célébrer la messe, de lire l'évangile ou l'épître, de demeurer dans le sanctuaire pendant l'office, ou de recevoir sa part des revenus de l'Église. *Conc. de Rome*, an 1059, can. 3; *même ordonnance*, *C. de Londres*, an 1126;

« 6° Défense aux clercs d'avoir chez eux de jeunes femmes suspectes d'incontinence. *Concile de Saltzbourg*, an 1420, art. 2;

« 7° Que les clercs, sans en excepter ceux qui passent pour avoir la vertu de continence, n'aillent jamais chez des veuves ou des vierges, qu'avec l'ordre ou la permission des évêques ou des prêtres, encore ne faudra-t-il pas qu'ils le fassent sans être accompagnés de quelques-uns de leurs confrères, ou de ceux que l'évêque, ou un prêtre en sa place, leur donnera pour adjoints. L'évêque lui-même ou les prêtres n'iront pas, sans avoir en leur compagnie d'autres ecclésiastiques ou du moins quelques fidèles d'un certain poids. 3e *conc. de Carthage*, an 397, can. 25;

« 8° Défense d'entendre la messe d'un prêtre que l'on sait certainement avoir une *concubine*. *Conc. de Rome, an* 1059, *can.* 3;

« 9° Défense aux clercs et aux moines d'avoir des *servantes* dans leurs maisons et leurs prieurés, et aux bénéficiers ou clercs engagés dans les ordres, de rien laisser par testament à leurs bâtards ou à leurs concubines. *Conc. de Tours, an* 1239, *Can.* 7;

« 10° Défense aux clercs et aux moines d'assister aux spectacles, soit des courses de chevaux, soit du théâtre. *Idem., can.* 24;

« 11° Défense aux évêques et aux clercs de *loger avec des femmes*, de porter des habits séculiers ou de grands cheveux. *Concile de Rome, an* 744 et 787;

« 12° Le saint Concile, jaloux de

soutenir la dignité du caractère du prêtre, sachant bien qu'on dit souvent à table beaucoup d'inutilités, veut, qu'à tous les repas des prêtres, on fasse la *lecture de l'Écriture sainte.* C'est un moyen excellent pour former les ames au bien, et empêcher les discours inutiles. *Conc. de Tolède, an* 589, *can.* 7;

« 12° DÉFENSE AUX PRÊTRES de loger avec QUELQUE FEMME QUE CE SOIT, parce qu'il s'en est trouvé qui AVAIENT EU DES ENFANS DE LEURS PROPRES S... *Conc. de Mayence, an* 888, *canon* 105, *in conc. Germ. Tom* 2. *page* 372, *et Dictionnaire des conciles, page* 721;

« Ut clericis interdicatur mulieres in domo sua habere, omnimodis decernimus. Quamvis etiam sacri canones, quasdam personas feminarum simul cum clericis in una domo habitare permittant; tamen, (quod multum dolendum est) sœpe audivimus, per illam concessionem plurima scelera esse commissa, ita ut quidam sacerdotum, cum propriis *sororibus* concumbentes, filios ex eis generassent. Et idcirco constituit hæc sancta synodus, ut nullus presbyter ullam feminam secum in domo propria permittat, quatenus occasio malæ suspicionis, vel facti iniqui, penitus auferatur; »

« 14°. Plusieurs ecclésiastiques s'adonnant à l'avarice et à l'intérêt sordide, oublient l'Écriture divine, qui dit : Il n'a point donné son argent à usure, et prêtent à *douze pour cent*; le saint et grand concile a ordonné que si, après ce réglement, il se trouve quelqu'un qui prenne des usures d'un prêt, qui fasse quelque trafic semblable, *qui exige une moitié au-delà du principal*, ou qui use de quelqu'autre invention pour faire un gain sordide, il sera déposé et mis hors du clergé. Ier *Conc. général de Nicée, an* 325, *can.* 7. »

On voit, par le texte de ces canons, que l'Église, qui a dû se montrer sévère dans les principes de son institution, à l'égard des fidèles qui suivaient ses lois, et contre lesquels elle a souvent lancé des sentences exterminatoires, n'a pas non plus ménagé ses propres ministres, en les soumettant à une discipline rigoureuse, de laquelle devait nécessairement dériver un respect salutaire pour la foi, et une confiance sans borne pour les prosélytes qu'elle appelait dans son sein. Car l'exemple de la modestie, de la pudicité, de la continence et de la résignation, vertus nécessaires à tout fidèle serviteur de J.-C., devait nécessairement être donné par les ministrès propres de son Église; et à bien plus forte raison, l'observation des canons des saints conciles est un objet sacramentel pour les ecclésiastiques.

Le pape Saint-Damase en parle ainsi : « Les saints pères jugent avec rigueur ceux qui violent volontairement les canons, et le *saint esprit* qui les a inspirés et dictés, condamne ces violateurs. *Violatores canonum graviter à sanctis patribus judicantur et à sancto spiritu, instinctu cujus dictati sunt, damnantur. Canon violat.* 15, 9, 1. Et le pape Jules continue de cette manière : *Nolite errare, fratres mei, etc.* : « Prenez garde de pas tomber dans l'erreur, mes très-chers frères; vous avez les constitutions des apôtres et des hommes apostoliques, vous avez les *saints canons*, jouissez-en, mettez-y toute votre force, prenez plaisir à les lire, considérez-les comme vos armes, afin que par leur secours et par le soin que vous prendrez de les avoir toujours devant les yeux et de les *suivre avec ferveur*, ils vous servent d'armes capables de vous défendre contre toutes les attaques des ennemis de votre salut; car ce serait une chose tout-à-fait *indigne d'un évêque* ou *d'un prêtre*, de refuser de suivre les règles que l'Église, où est le siége de Saint-Pierre, suit et enseigne. »

On voit que ce souverain pontife s'écrie *que ce serait une chose tout-à-fait indigne d'un évêque ou d'un prêtre de refuser de suivre les règles de l'Église ;*

Or, il est manifeste, cependant, que les évêques et les prêtres ont enfreint ces lois et ces règles, et que le chrétien, dans l'amertume de son cœur, voit l'Église désertée par les chefs propres de sa milice; car tous les canons que je viens de citer et qui font la base constitutive de la discipline des ecclésiastiques, sont totalement inobservés, et peut-être méconnus! c'est une véritable calamité que le zèle des hommes fervents, qui demeurent encore dans la maison du Seigneur, doivent s'empresser de réparer.

Les évêques, administrateurs de diocèses, et surtout les curés ou autres ecclésiastiques desservant les paroisses des villes et des campagnes, ne sauraient faire trop d'efforts sur eux-mêmes, pour rentrer autant que possible dans la ligne qui leur est tracée par les saints conciles, afin d'y rappeler les autres fidèles, qui n'auront plus à leur opposer l'inobservance de leurs propres lois. Car, en matière de religion, l'exemple est le moteur le plus fort et le plus victorieux ; le sang des premiers martyrs a amené des flots de sang, parce que chacun voulait payer de sa vie son entrée dans la foi, et obtenir la couronne céleste, en mourant pour le fils de Dieu qui en était le suprême dispensateur ;

Et puisque les ecclésiastiques veulent soumettre les autres chrétiens à l'observation des décrets des conciles, et qu'au moment de leurs décès ils leur font la fausse application de sentences exterminatoires, il est de toute justice, de toute pudeur publique qu'ils rentrent eux-mêmes dans la volonté de leurs propres lois, et qu'ils s'en montrent les fidèles et les zélés observateurs.

Nos rois sont les protecteurs des saints canons ; ils sont en outre les *ministres de Dieu* sur la terre, et ils doivent employer toute leur autorité, toute leur surveillance pour que l'*Église, commise à leurs soins*, ne tombe pas dans l'anéantissement, par l'effet de la non-exécution des décrets des conciles de la part des ministres de la religion. Les procureurs du roi, les magistrats, les maires des communes qui sont les dépositaires partiels de l'autorité du prince, doivent être les premiers à informer avec zèle, respect et discrétion, les évêques et les ecclésiastiques supérieurs, de la négligence que ceux-ci ou les ecclésiastiques inférieurs apporteraient à la pratique des lois de la discipline de l'Église, et si la puissance séculière et ses délégués faisaient en cette matière l'usage de leurs droits, les ministres de la religion, qui s'écartent eux-mêmes des principes voulus et tracés par les conciles, ne montreraient pas autant de rigueur et quelquefois autant d'*injustice* à l'égard des autres fidèles.

L'équité a ses lois immuables, grands et petits, prêtres et paroissiens, tous doivent s'y soumettre, s'ils veulent assurer le triomphe de la religion.

Nous lisons encore dans l'Histoire du droit canonique, 1 vol. in-12, pages 385 et 393, au chapitre de la *puissance* des rois comme *protecteurs des canons*;

« Que le prince temporel ne peut pas faire la discipline ecclésiastique, *mais qu'il doit* la *maintenir*;

« Que les *puissances temporelles* sont nécessaires dans l'Église, afin de *suppléer* par leur *pouvoir* à ce que l'étendue de la parole ne peut faire;

« Que le prince a la liberté de choisir, parmi les différents usages, ceux qui sont plus conformes au bien de son État; qu'il peut *rejeter tout-à-fait*, ou *modifier* les décrets de discipline faits par des conciles, même généraux; pag. 394;

« Que les ecclésiastiques ont un double lien qui les soumet à l'autorité royale ; 1° leur qualité de *citoyen* qui les soumet à la puissance politique comme tous les autres sujets; 2° leur qualité d'ecclésiastique qui les soumet au prince qui, comme protecteur des saints canons, doit *veiller* à leur exécution ; pages 400, 401 ;

« Que cette même qualité de protecteur des saints canons *donne droit* au roi de veiller sur les mœurs des ecclésiastiques, afin de s'opposer au relâchement de la discipline de l'Église; pag. 402. »

DE LA SUPRÉMATIE DE LA PUISSANCE SÉCULIÈRE SUR LA PUISSANCE ECCLÉSIASTIQUE ; DES ERREURS ET DES CRIMES DU CLERGÉ ET DES ANATHÈMES FULMINÉS PAR LES CONCILES CONTRE LES PRÊTRES ET LES SÉCULIERS QUI ATTENTENT A L'AUTORITÉ ET A LA VIE DES SOUVERAINS.

La surveillance de l'autorité séculière sur la conduite du clergé est d'autant plus nécessaire, que l'histoire de France nous fournit des preuves innombrables de l'ambition démésurée de ce corps, et nous cite des faits qui ont mis plus d'une fois l'État dans le plus grand péril.

Lorsque les prêtres sont parvenus à augmenter leur action sur les citoyens au mépris des lois civiles, ils finissent par atteindre la personne des rois; et tel prince qui leur abandonne une certaine autorité sur ses sujets, doit trembler que cette même autorité ne parvienne un jour à saper les fondements de sa puissance, et à le précipiter lui-même par un parricide infâme dans l'horreur de la mort.

Les désordres infinis du clergé de France excitèrent les craintes de la nation et du roi Henri III, aux états de Blois, tenus en 1588; le garde des sceaux de Montholon prononça dans cette assemblée, au nom de ce prince, un discours dans lequel on remarque le passage suivant :

« Sa majesté demande donc d'abord au clergé puisqu'il est chargé de la réformation des autres, *qu'il commence par se réformer lui-même, et donner bon exemple aux autres ordres de l'État.* »

Cette mercuriale, justement méritée et justement appliquée, devait porter le clergé à écouter la parole royale et le vœu de la nation, et à rentrer de lui-même dans les principes de l'Évangile et dans les dogmes apostoliques, qui indiquent et ordonnent aux ministres du culte une soumission entière à la volonté du prince; mais loin de produire un effet aussi salutaire, aussi conforme aux préceptes de la religion, cette mercuriale ne fit qu'allumer le feu de la vengeance dans le cœur du clergé, et le prince qui l'avait ordonnée fut cruellement assassiné l'année d'ensuite par Jacques Clément *prêtre et dominicain !...*

Henri III, frappé d'un coup mortel, profite de ses derniers instants pour adresser à ceux qui l'entourent un discours où il reproduit les malheurs de l'État, et dans lequel on remarque ces paroles :

« A tant d'attentats mes ennemis ont ajouté *le parricide;* et ce qui m'est encore plus *cruel* que la mort même C'EST QU'EN DÉSHONORANT A JAMAIS LE CLERGÉ, ELLE VA COUVRIR D'UNE ÉTERNELLE IGNOMINIE LA NATION FRANÇAISE, QUI JUSQU'ICI S'EST TOUJOURS DISTINGUÉE PAR SON ATTACHEMENT POUR SES ROIS, ET PAR SON ZÈLE POUR LA PATRIE.

« Le clergé pour qui j'ai eu tant *d'égards*, auquel j'ai cherché à m'associer, *jusqu'à avilir dans cette vue la majesté royale,* s'est laissé aveugler, il y a déjà long-temps, par un faux zèle pour la religion, et *donne aujourd'hui au peuple français l'exemple de la révolte.* »

Quelle leçon pour les rois!...quelle honte pour le clergé!

D'où provenait donc l'influence que le clergé exerçait sur la nation?

de l'oubli que le prince avait eu de ses propres devoirs, et de sa faiblesse à consentir que les prêtres se mêlassent des affaires de l'État, en abandonnant ses propres sujets à la puissance ecclésiastique, lorsqu'il devait au contraire les couvrir de son autorité pour les protéger contre les entreprises de cette même puissance.

C'est sous le règne d'Henri III que le *clergé* et les *jésuites* eurent la criminelle audace de proclamer les principes subversifs de toute monarchie légalement instituée:

« Qu'un prince qui maltraite ses citoyens est une *bête féroce*, *cruelle* et *pernicieuse;*

« Qu'il y a des cas où il est permis à tout le monde de *tuer*, même celui qui est prince de *droit*, soit par succession, soit par élection, mais qui devient *tyran* par sa conduite;

« Que si un prince légitime devient tyran jusqu'au point de piller *les fortunes publiques et particulières*, s'il *méprise notre sainte religion*, s'il *charge ses sujets d'impôts injustes*, s'il fait *des lois avantageuses pour lui et peu utiles au public*, la république doit s'assembler et l'inviter à se corriger : que s'il ne répare pas ses fautes, elle peut lui faire la guerre, et si les circonstances le permettent, lui porter le fer dans le sein.

« Que les princes sont tenus d'obéir au commandement du pontife (romain) comme à la parole de J.-C., que s'ils y résistent il est en droit de les punir à titre de rebelles, et que s'ils font quelque entreprise contre l'intérêt de l'église ou la gloire de J.-C., il peut les priver de leur royaume, donner leurs états à un autre prince, et dégager leurs sujets de l'obéissance qu'ils lui doivent, et du serment qu'ils lui ont fait (1). »

Et après la mort de ce monarque, *Busenbaum*, célèbre *jésuite*, ne craignit pas de publier dans un de ses ouvrages :

« Que l'action de *Jacques Clément*, dominicain, est une *action mémorable*, par laquelle il avait procuré à sa patrie et à sa nation le *recouvrement de sa liberté* ; que le *massacre* du roi lui fit *grande réputation*, et qu'étant d'une complexion faible, une *vertu* plus grande soutenait son courage. »

De tels préceptes et de tels récits excitent l'indignation de tous les hommes de bien, en même temps

---

(1) Salmeron, comm. in evang. part. 3 tom. 4. Cornelino a lapide, comm. in acta apost. et in epist. can. in ep. 1. Pet. c. 2.

qu'ils méritent toute la répression de l'autorité séculière.

Mais le clergé de France était d'autant plus coupable, d'autant plus criminel de propager des dogmes aussi affreux qu'ils étaient condamnés et fulminés par les propres canons des SS. conciles, et que d'après les lois de l'Église, les souverains, loin d'être soumis à la puissance ecclésiastique, et de pouvoir être *tués*, lors même qu'ils deviendraient *tyrans*, sont au contraire considérés comme *sacrés* dans leur personne et dans leur autorité :

1° « *Principi populi tui non maledices* ; vous ne maudirez point le prince de votre nation. *Exode, chap. XXII, verset* 28.

2° « *Non occides : qui autem occiderit*, etc. ; vous ne tuerez point : et quiconque tuera méritera d'être puni par le jugement. *Évang. de St. Matth., chap. V, vers.* 21.

3º « Celui qui *s'oppose aux puissances*, RÉSISTE A L'ORDRE DE DIEU; et ceux qui résistent, attirent une *juste condamnation* sur eux-mêmes. St. Paul, ép. aux Romains.

4º « Il est donc nécessaire de vous soumettre *aux puissances*, non-seulement par la crainte du châtiment, mais aussi par le devoir de la conscience. *Id.*

5º « Anathème terrible contre quiconque *osera violer* le *serment fait* AUX ROIS, et contre ceux qui attentent contre leur *autorité* et contre leur *vie*. Quatrième concile de Tolède, an 634; can. dern.

6º « Les *évêques* et les *prêtres* qui auront *violé les serments faits pour la sûreté du prince, ou de l'État*, seront déposés : il sera permis toutefois au prince de leur faire grâce. *Dixième conc. de Tolède*, an 656; can. 2.

7° « L'homicide d'un tyran est illicite, c'est ce qu'on voit par le décret du concile de Constance qui condamne la proposition de Jean Petit : elle autorisait chaque particulier à faire mourir un tyran, par quelque voie que ce fût; et nonobstant quelque serment qu'on eût fait, sans toutefois nommer l'auteur, ni aucun de ceux qui y étaient intéressés; le concile, pour extirper cette erreur, déclare que cette *doctrine* est *hérétique, scandaleuse, séditieuse*, et qu'elle ne peut tendre qu'à autoriser les fourberies, les mensonges, les trahisons et les parjures. De plus, le concile déclare hérétiques tous ceux qui soutiendront opiniâtrément cette doctrine, et veut que comme tels ils soient punis selon les canons et les lois de l'Église. *Conc. gén. de Constance, an* 1415; 15ᵉ *sess.*

8° « Si quelqu'un par esprit d'orgueil et d'indépendance s'élève contre la *puissance royale*, dont *Dieu même est l'instituteur*, et qu'il refuse d'obéir sans vouloir se laisser convaincre par la raison et par la religion, qui lui prescrivent une obéissance entière, qu'il soit anathème. *Concile de Tours, an* 1583, *can.* 1.

Il est impossible de condamner plus *canoniquement* ceux qui attentent à l'autorité et à la vie des rois, soit que les coupables appartiennent à l'ordre ecclésiastique, ou à l'ordre séculier.

Comment donc la Sorbonne, qui par fois s'est montrée protectrice des saines maximes, n'a-t-elle jamais fait valoir l'autorité de ces canons, qui se rencontrent cependant dans tous les recueils qui ont été publiés, et dont le nombre est considérable? Était-ce ignorance ou partialité? L'ignorance est blâmable, parce que les théologiens doivent connaître toutes les lois qui concernent la discipline ecclésiastique, et la partialité serait criminelle, parce que, si à l'époque du règne d'Henri III, les lois suprêmes, dictées par les conciles, avaient été proclamées et soutenues par ses théologiens, la France n'eût pas été bouleversée, et le clergé n'aurait point à se reprocher une révolte scandaleuse, ni l'assassinat d'un de nos rois;

Je dis d'un de nos rois pour borner ici des citations qui doivent déplaire au clergé, car on pourrait, en s'appuyant de faits constatés, citer plusieurs crimes de ce genre.

Si donc, il est prouvé par les événements les plus déplorables que l'ambition du clergé, que l'oubli de la discipline qui lui est propre, que l'ignorance des lois qu'il doit le plus connaître, l'aient porté à s'écarter de ses devoirs d'une manière aussi coupable, l'autorité séculière doit sans cesse se mettre en garde contre les nouvelles entreprises qu'il prétendrait former; elle doit lui reconnaître une administration toute spéciale dans l'Église; mais hors de l'Église, il lui appartient de surveiller la conduite des prêtres, et de savoir s'ils se conforment eux-mêmes aux propres lois qui leur sont imposées par les canons des conciles, parce que le prince est le *protecteur né* de ces mêmes conciles.

Chaque fois que les magistrats, qui sont les délégués du prince, feront sentir au clergé, qu'ils ont assez de courage, assez de science, pour exiger qu'il se *réforme de lui-même*, en me servant des expressions du garde des sceaux de Montholon, lorsqu'il exige la *réforme des autres*, le clergé deviendra moins ambitieux, se mêlera moins des affaires publiques, et remplira beaucoup mieux les devoirs du sacré ministère.

Ce n'est qu'avec la plus grande vénération qu'on cite les efforts que les parlements de France, les procureurs et les avocats-généraux, n'ont cessé de faire pour s'opposer constamment aux usurpations des prêtres, et notre histoire leur paie à cette occasion un tribut d'éloges bien mérités.

Il reste donc aux procureurs et avocats-généraux près nos cours royales, aux procureurs du roi, aux préfets, sous-préfets et maires des diverses communes de bien se pénétrer de la *suprématie* de la puissance séculière sur la puissance ecclésiastique, et de l'autorité que le prince, en sa qualité de *protecteur* des saints canons, doit exercer sur les ministres du culte, afin de faire rentrer dans la discipline de l'Église ceux qui pourraient s'en écarter. L'effet de cette action de la part de l'autorité séculière imprimera aux ecclésiastiques plus de respect, plus d'égards pour les représentants du gouvernement, et leur fera abandonner à jamais l'idée de sortir du cercle de leurs devoirs et de leurs fonctions pour s'immiscer dans les affaires de l'État et des familles, ce qui les conduit toujours à fomenter des troubles ou à exciter des débats domestiques qui deviennent funestes ou au gouvernement ou aux citoyens.

DÉNOMBREMENT DU CLERGÉ DE FRANCE AVANT ET DEPUIS LA RÉVOLUTION.

La puissance séculière, l'autorité civile, et les magistrats surtout, doivent apporter une telle surveillance sur l'empiétement que les ecclésiastiques pourraient entreprendre sur ce qui concerne le gouvernement de l'État, et l'existence des citoyens, que le nombre des prêtres est tellement considérable, qu'ils forment, à eux seuls, une masse imposante dans le royaume, et que le gouvernement rencontrerait partout des individus tout prêts à lui résister, dans des matières d'autant plus délicates, que ces mêmes ecclésiastiques sont reconnus et révérés par les peuples comme des juges suprêmes en fait de religion et d'affaires de conscience.

Ces ecclésiastiques sont bien nés sujets du roi, et soumis comme les autres à la loi commune, mais il ne faut pas oublier qu'ils tiennent aussi à un autre chef suprême, au souverain pontife, qui, par la nature de sa dignité, l'éclat de ses fonctions de vicaire de Jésus-Christ sur la terre, prétend à une supériorité directe sur les rois.

Cette supériorité, au fait du temporel, a été disputée et reconnue *usurpation* par les princes qui possèdent des souverainetés, mais l'opinion de la corporation est toujours là, les prétentions ne sont *qu'assoupies, et non pas détruites*.

On a vu des souverains pontifes ambitieux, audacieux, employer la majesté de la religion et son crédit sur l'esprit des peuples, pour bouleverser des trônes et jeter le fer et la flamme parmi les nations; la tiare voulait une autorité absolue sur le diadême des rois, et ses prétentions trouvaient des appuis dans tous les états de la chrétienté, où la cour de Rome compte des milliers d'ecclésiastiques qu'on peut considérer comme autant de généraux, ou de capitaines d'armées, qu'elle y fait stationner. On sait que la justice, et la modération du souverain pontife actuel, et de plusieurs de ses augustes prédécesseurs éloigne pour long-temps, de semblables catastrophes; mais enfin puisque l'expérience nous a démontré qu'elles avaient eu lieu, dans un temps, la prudence doit nous commander de craindre de les voir renaître, à une autre époque.

On jugera par le dénombrement de l'ancien clergé de France, qui va suivre, combien la cour de Rome avait de zélés serviteurs dans le royaume, avant la révolution, et combien l'autorité de nos princes devait être entravée, lorsque le clergé formait et soutenait d'autres prétentions; puissant par le nombre, puissant par les richesses de ses revenus, et plus puissant encore par l'influence de ses fonctions, le clergé à lui seul pouvait singulièrement contrarier la volonté du prince, lors même qu'elle se dirigeait vers le bien-être de ses sujets; aujourd'hui à la vérité, tout est diminué dans le clergé, le nombre, les richesses, et même l'influence de l'opinion; il faut encore ajouter que les lois constitutionnelles rendent au prince et à son gouvernement une suprématie d'autorité, qui n'en reconnaît ou n'en craint pas d'autre dans l'État, mais encore ce clergé s'élève actuellement à environ 50,000 individus, qui jouissent de plus de 30,000,000 fr. de revenus, et ces individus pourraient un jour, si on leur permettait de dériver de la ligne tracée par nos lois, chercher à ressaisir une autorité qu'ils n'ont perdue qu'à regret.

J'ai puisé le dénombrement qu'on va lire dans une brochure intitulée, Exposé des droits du clergé de France, qui a paru l'année dernière, et j'en ai vérifié l'exactitude dans l'excellent ouvrage de l'abbé Expilly (Dictionnaire géographique des Gaules).

DÉNOMBREMENT GÉNÉRAL DU PERSONNEL ET DES REVENUS DE L'ANCIEN CLERGÉ SÉCULIER ET RÉGULIER DE FRANCE.

Clergé séculier.

	INDIVIDUS.	REVENU ANNUEL.
1°. Archevêques et évêques, au nombre de 129 *, dont le revenu était au moins de 4,909,000 f., ci......	129	4,909,000
2°. 129 chapitres d'églises cathédrales, 526 chapitres d'églises collégiales, 655 chapitres, qui se composaient, tant en dignitaires qu'en chanoines, de 11,853 individus, dont le revenu tot. se portait à une somme de 8,299,900 f., ci.	11,853	8,299,900
3°. Ecclésiastiques bénéficiers de bas chœurs, chantres, etc., au nombre de		
	11,982	13,208,900

* Une autre statistique de la France porte à cent quarante les archevêques et évêques, mais en y comprenant les évêchés de Corse et les évêques *in partibus*.

	INDIVIDUS.	REVENU ANNUEL.
D'autre part....	11,982	13,208,900
13,000, dont le revenu était porté à la plus basse cote, à 3,900,000 f., ci..	13,000	3,900,000
4°. Enfants de chœur, au nombre de 5,000 ; sur le pied de 200 f. chacun par an, ci......................	5,000	1,000,000
5°. Prieurs ou chapelains, avec un bénéfice en titre calculé sur le pied de 3,000 f. chacun, au nombre de 27,000, ci........	27,000	8,100,000

6°. Curés et prieurs-curés, au nombre de 40,000, qui jouissaient chacun d'un revenu d'environ 1,000 f. (A la vérité il y avait quantité de cures dont les revenus, outre la congrue, qui était de 300 f., mais qui fut augmentée par un édit du Roi de 1768, à la somme de 500 f., n'allaient guères au-delà de 200 f. ; mais aussi il y en avait quantité d'autres qui valaient plus de 2,000 f. Dans le Médoc seul, il y avait des cures

56,982	26,208,900

	INDIVIDUS.	REVENU ANNUEL.
Ci-contre....	56,982	26,208,900
dont le revenu annuel montait à plus de 15,000 f.) Ci.................	40,000	40,000,000
7º. Cinquante mille vicaires ou secondaires, dont les honoraires, calculés seulement à raison de 150 f. chacun, ci............	50,000	7,500,000
8º. Autres ecclésiastiques engagés dans les ordres, à raison de deux environ par paroisse, dont les uns étaient appliqués aux missions, d'autres à la direction des séminaires et des colléges, et les autres menant une vie privée chez eux, n'étant attachés à aucun bénéfice ni à aucunes fonctions particulières, ci.	100,000	»
	246,982	73,708,900

CLERGÉ RÉGULIER.

Abbayes de Religieux; Moines, etc.

	INDIVIDUS.	REVENU ANNUEL.
1°. Les jésuites se montaient au nombre d'environ....	3,000	1,500,000

2°. Seize maisons, chefs d'ordre ou de congrégations, parmi lesquelles une seule de filles, savoir :

1°. *Bourg-Achard*, en Normandie, chef d'une réforme de chanoines réguliers de l'ordre de Saint-Augustin;

2°. *La Chancellade*, en Périgord, *idem*;

3°. *La Grande-Chartreuse*, en Dauphiné, chef d'ordre des Chartreux;

4°. *Citeaux*, en Bourgogne, chef de l'ordre du même nom;

5° *Clairvaux*, en Champagne, chef d'une filiation très-nombreuse de l'ordre de Citeaux;

6°. *Clugny*, en Bourgogne, chef d'une congrégation de l'ordre de Saint-Benoit;

7°. *La Ferté*, en Bourgo-

3,000	1,500,000

	INDIVIDUS.	REVENU ANNUEL.
Ci-contre....	3,000	1,500,000

gne, chef d'une des quatre filiations de l'ordre de Citeaux ;

8°. *Feuillants*, dans le pays de Comminges, chef de la congrégation de son nom ;

9°. *Fontevrault*, dans le Saumurois chef de l'ordre des *religieuses* de ce nom ;

10°. *Grammont*, dans la Marche, chef de l'ordre des religieux de ce nom ;

11°. *Morimont*, dans le Bassigny, chef d'une des quatre filiations de l'ordre de Citeaux ;

12°. *Pontivy*, en Champagne, chef d'une des quatre filiations de Citeaux ;

13°. *Prémontré*, en l'île de France, chef de l'ordre de son nom ;

14°. *Saint-Antoine*, en Dauphiné, chef de l'ordre de son nom ;

15°. *Saint-Ruf*, en Dauphiné, chef de l'ordre de son nom ;

	3,000	1,500,000

	INDIVIDUS.	REVENU ANNUEL.
D'autre part...	3,000	1,500,000

16°. *Sainte-Geneviève*, à Paris, chef de la congrégation de son nom,

Le revenu total de ces seize maisons chefs d'ordre, était de 1,110,000

3°. Six cent vingt-cinq abbayes d'hommes, en *commende* et de nomination royale, c'est-à-dire, affectées à des ecclésiastiques séculiers. Quelques-unes de ces abbayes furent sécularisées ; les autres étaient des ordres suivant *Saint-Augustin, Saint-Benoît, Citeaux* et *Prémontré* ; elles jouissaient, seulement pour *les menses abbatiales*, d'un revenu annuel de.. 5,109,100
pour leurs *menses conventuelles*. 2,000,000 } 7,109,100

Indépendamment des abbayes citées ci-dessus, il y avait d'autres abbayes, et prieurés réunis à des évêchés, séminaires, collé-

| | 3,000 | 9,719,100 |

	INDIVIDUS.	REVENU ANNUEL.
Ci-contre........	3,000	9,719,100

ges, hôpitaux et autres établissements, à l'effet d'augmenter leurs revenus.

4°. Cent quinze abbayes d'hommes *en règles*, et presque toutes de nomination royale, et qui étaient encore des ordres de *Saint-Augustin*, *Saint-Benoît*, *Citeaux*, *Prémontré* et *Feuillants* : elles avaient un revenu de, 1,410,000 pour supplément en droits casuels, 90,000 } 1,500,000

Le nombre de religieux des abbayes citées aux articles 2, 3 et 4, se montait à.......................... 8,945 ....

5°. Vingt-trois mille six cent cinquante-cinq *religieux rentés* des ordres de Citeaux, des Bénédictins, des chanoines réguliers de Saint-Augustin, les Prémontrés, dont l'entretien était calculé à raison de

| | 11,945 | 11,219,100 |

	INDIVIDUS.	REVENU ANNUEL.
D'autre part.....	11,945	11,219,100
300 fr. par an pour chacun, ci................	23,655	7,096,500
6°. Religieux *anciens mendiants*, au nombre de 13,500, qui étaient presque tous rentés, au moins pour la moitié de leur entretien, calculé à raison de 150 fr. pour chacun, ci......................	13,500	2,025,000
7°. Carmes, Augustins et Jacobins réformés, au nombre de 9,500, et dont l'entretien calculé à raison de 150 fr. chacun, ci.......	9,500	1,425,000
8°. Capucins, Récollets et Picpus réformés de l'ordre de Saint-François, au nombre de 21,000 sans revenus (quoiqu'il n'y eût peut-être pas une seule maison qui ne possédât en propre au moins un jardin potager d'un bon produit), ci......................	21,000	....
9°. Minimes, au nombre de 2,500, dont l'entretien		
	79,600	21,765,600

	INDIVIDUS.	REVENU ANNUEL.
Ci-contre...	79,600	21,765,600
coûtait 300 f. par an pour chacun, ci..............	2,500	750,000
10°. Hermites, au nombre de 500, sans revenus....	500	....
11°. L'ordre de Malte, qui possédait en France six grands prieurés, quatre grands bailliages et deux cent dix-neuf commanderies, le tout possédé par 229 chevaliers-dignitaires de cet ordre, ci.........	229	1,732,496
2°. Deux couvents de religieuses de l'ordre de Malte, l'un à Beaulieu, en Quercy, l'autre à Toulouse, qui ne comprenaient que 28 religieuses, ci...............	28	16,500
	82,857	24,264,596

Abbayes et Couvents de Femmes.

	INDIVIDUS.	REVENU ANNUEL.
1°. Deux cent cinquante-trois abbayes de filles (presque toutes de nomination royale) des ordres de Saint-Augustin, Saint-Benoît, Citeaux, etc., renfermant............	10,129	2,654,000
2°. Soixante-quatre prieurés de filles des mêmes ordres.	2,560	68,000
3°. Vingt-quatre chapitres de chanoinesses ou autres prieurés de filles nobles.	600	350,000
4°. Autres religieuses de l'ordre de Saint-Augustin, au nombre de 15,000, dont le revenu, calculé à 300 f. par an pour chacune, ci..	15,000	4,500,000
5°. Bénédictines, au nombre de 8,000, revenu calculé comme ci-dessus........	8,000	2,400,000
6°. Religieuses de Citeaux, au nombre de 10,000, revenu calculé comme ci-dessus...............	10,000	3,000,000
7°. Religieuses de Fonte-		
	46,280	12,972,000

	INDIVIDUS.	REVENU ANNUEL.
	46,280	12,972,000
vrault, au nombre de 1,500, revenu calculé aussi à 300 fr. par an........	1,500	450,000
8°. Religieuses dominicaines, au nombre de 4,000, revenu calculé comme ci-dessus..............	4,000	1,200,000
9°. Religieuses de Sainte-Claire, au nombre de 12,500, *idem*...........	12,500	3,750,000
10°. Religieuses carmélites, au nombre de 300, *idem*.	300	90,000
11°. Religieuses ursulines, au nombre de 9,000, *idem*.	9,000	2,700,000
12°. Religieuses de Sainte-Marie ou visitandines, au nombre de 7,000, *idem*..	7,000	2,100,000
13°. Religieuses vivant d'aumônes	2,000	....
	82,580	23,262,000

Récapitulation générale.

	INDIVIDUS.	REVENU ANNUEL.
1º. Clergé séculier	246,982	73,708,900
2º. Clergé régulier, moines, réligieux, etc	82,857	24,264,596
3º. Religieuses et chanoinesses	82,580	23,262,000
Total général......	412,419	121,235,496

RÉSUMÉ GÉNÉRAL ET COMPARATIF DU CLERGÉ DE FRANCE.

Le revenu de l'ancien clergé de France, tant séculier que régulier, se montait, avant la révolution, à la somme de 121,235,496 f.; on pourrait, sans crainte d'erreur, le porter à 135 millions, attendu qu'on a pris pour base les tarifs des évêchés et abbayes, selon la taxe en cour de Rome, et qu'il est notoire et avéré, que pour amoindrir cette redevance au Saint-Siége, on évaluait les revenus des évêchés et abbayes au plus faible taux.

Le budget général du clergé, pour l'année 1824, y compris les travaux extraordinaires aux édifices des diocèses, et toutes autres dépenses, est de 30,050,000 fr. Il y a donc une différence de près de 105 millions entre les revenus anciens, et ceux affectés présentement pour les frais du culte.

Le personnel de l'ancien clergé de France, était, avant la révolution, de 412,419 individus des deux sexes; il se monte aujourd'hui à environ 50,000 ecclésiastiques de tout âge; et le nombre de religieuses existantes est d'environ 19,000, au lieu de 82,580, qu'on comptait avant 1789.

Je termine cet ouvrage en jetant le cri de tous les hommes de bien : *la religion, le roi, la justice égale pour tous, et le respect pour toutes les professions qui ont un caractère imprimé par les lois et par la volonté du prince.*

PIÉTÉ ET BIENFAISANCE D'UN COMÉDIEN.

On a déjà vu dans les chapitres précédents que la qualité de *comédien* n'excluait pas la pratique de la piété, et que plusieurs d'entre eux se faisaient un devoir de suivre les obligations qui nous sont imposées par la religion, en même temps qu'ils exerçaient leur propre profession.

Beauchâteau (François Châtelet de) gentilhomme de naissance, et *comédien* de la troupe de l'hôtel de Bourgogne, où il débuta en 1633, avait coutume d'*entendre la messe*, chaque jour, en l'église de Notre-Dame à Paris; il y rencontra auprès d'un pilier une femme qui avait la tristesse imprimée sur le visage, et qui fondait en pleurs et en gémissements. Le comédien qui avait l'ame bienfaisante et plus sensible que tous ceux qui se trouvaient alors dans l'église, s'approcha de cette femme, et lui demanda la cause de tant de chagrin et de tant de larmes! La malheureuse lui répondit avec fierté qu'elle n'avait pas besoin de consolateur, et qu'elle ne demandait rien à personne. Beauchâteau, qui savait que l'infortune donne à l'ame de l'élévation, ne se rebuta point; à force de prières et de paroles respectueuses, il parvint à lui faire raconter qu'un désastreux procès l'avait réduite au point de manquer de tout, et que ne pouvant ni se résoudre à mendier, ni à retourner dans la chambre qu'elle avait louée, parcequ'il lui était impossible de payer le terme qu'elle devait à l'hôte, elle était décidée à se laisser mourir de faim dans l'église.

Beauchâteau, touché de ce récit, supplia cette femme de venir chez lui, lui promit que rien ne lui manquerait, et que son épouse s'empresserait de la consoler. Cette dame se rendit à des offres si généreuses, et crut devoir, par reconnaissance, instruire son bienfaiteur des particularités de sa famille. En présence de Beauchâteau et de son épouse, elle raconta qu'elle appartenait à de très-honnêtes gens; mais que sa mère, devenue veuve, avait dissipé son bien et celui de ses enfants; qu'alors elle fut obligée de demeurer avec un frère qui subsistait par le moyen d'un bénéfice.

Elle ajouta qu'elle avait eu une sœur qui était morte dans un couvent, après y avoir vécu dans la plus grande austérité, pour expier la faiblesse de s'être laissé abuser par l'amour, et par un président de qui elle avait eu une fille, mais que malgré des recherches multipliées, elle n'était jamais parvenue à faire aucune découverte sur le sort de cet enfant.

Beauchâteau fut moins étonné de ce récit que sa femme; elle l'avait écouté avec une attention inquiète; à la fin, ses doutes étant éclaircis, elle ne put retenir son émotion ni ses larmes, et se précipita dans les bras de cette dame en disant : Ma chère tante! Ma chère tante! C'est moi qui suis cette fille inconnue! C'est moi qui suis votre nièce! Quelle joie pour cette malheureuse de trouver dans la femme de son bienfaiteur une nièce qu'elle croyait perdue! Beauchâteau, qui n'avait cru faire du bien qu'à une étrangère, était enchanté d'obliger la tante de sa femme, et de lui avoir sauvé la vie.

Ce comédien mourut en septembre 1665.

Il eut un fils qui parvint à un degré de célébrité, car, dès l'âge de huit ans, il fut mis au rang des poètes de son temps. La reine, mère de Louis XIV, le cardinal Mazarin et le chancelier Séguier, se faisaient un plaisir d'exercer l'esprit de cet enfant. A douze ans, il donna un recueil de ses poésies; quelque temps après, il fut en Angleterre; on croit que de là il fit un voyage en Perse. Depuis ce temps on n'a pu découvrir ce qu'il était devenu.

Si les comédiens eussent été des *excommuniés dénoncés*, aurait-on vu Beauchâteau assister tous les jours à la messe, dans l'église métropolitaine de Paris? Son fils, qui eût été alors le fils d'un *excommunié*, aurait-il eu l'honneur d'être le protégé favori de la reine, mère de Louis XIV, Anne d'Autriche, fille de Philippe III, roi d'Espagne, et l'une des princesses les plus pieuses de son temps ? Le cardinal Mazarin, prince de l'Église, et le chancelier Séguier, eussent-ils accordé leurs soins protecteurs à un enfant qui n'avait puisé le goût de la poésie que dans la propre profession de son père, si cette profession avait été frappée d'une excommunication réelle ?

Le caractère de bienfaisance que Beauchâteau a déployé dans la circonstance que je viens de décrire, et qui a pris son origine dans la pratique d'un des devoirs que la religion nous impose, doit couvrir et honorer sa mémoire de l'estime générale.

CONCLUSIONS GÉNÉRALES.

Les comédiens du troisième âge, ayant reçu leur institution du prince et des lois du royaume, ne sont point comptables de leur profession au clergé;

L'abjuration de cette profession, exigée par le clergé, est un *véritable délit*, parce qu'aucune autorité dans l'État n'a le droit de vouloir le contraire de ce qui a été créé et autorisé par les diplômes du prince et la législation du pays;

Le refus de sépulture, fait par le clergé aux comédiens, est encore un *délit* manifeste et réel, puisque c'est infliger une action pénale, imprégner un mépris public à une profession que le prince, les lois du royaume, les ordonnances de police ont instituée et régularisée; et en cette circonstance l'outrage est non-seulement fait à la personne et à la profession du *comédien décédé*, mais encore aux autorités suprêmes qui ont autorisé et commandé son exercice : voilà pour ce qui concerne l'état politique et celui de la législation ; c'est aux procureurs du roi qu'il appartient de faire respecter , par toutes les autorités existant dans l'État, ce qui a été institué et par l'action du prince et par le fait de la législation et des réglements de la police du royaume;

Le refus de sépulture est encore un autre *délit* envers les lois ecclésiastiques même, puisque, pour avoir lieu d'une manière canonique, il faut que les individus auxquels on veut l'appliquer aient été *excommuniés*, *dénoncés* dans les formes, et que jamais les *comédiens du troisième âge* ne se sont rencontrés dans cette catégorie;

Le clergé de France est d'autant moins fondé à frapper les comédiens de ses sentences exterminatoires, qu'il a lui même aidé à leur institution, et que dans le principe de leur création les *prêtres* ont *rempli des rôles* dans les mystères que les comédiens représentaient; que les *obscénités*, les *scandales* qui se pratiquaient alors dans les églises, ou dans ces comédies pieuses, étant tout-à-fait nuisibles à la religion, l'autorité séculière a fait défendre aux *prêtres* de remplir désormais *des rôles de comédiens*, et à ceux-ci de ne plus prendre leurs sujets de comédie dans les mystères de la religion;

Le clergé, dans l'animadversion qu'il témoigne contre les comédiens, signale son ignorance, son injustice, son ingratitude, et démontre en outre qu'il agit *avec deux poids et deux mesures*, ce qui est on ne peut pas plus impolitique pour un corps aussi respectable; car on a vu que c'étaient des *papes* et des *cardinaux* qui avaient institué des théâtres tant en Italie qu'en France; on a vu un *abbé*, directeur de notre Opéra à Paris, on a vu les *capucins*, les *cordeliers*, les *augustins* demander l'*aumône* par placet, et la recevoir de nos comédiens; on a vu les lettres où ces mêmes religieux, *prêtres* de l'Église apostolique et romaine, promettaient de *prier Dieu pour la prospérité de la compagnie des comédiens*. Comment des *prêtres* peuvent-ils *prier Dieu* pour une compagnie que d'autres *prêtres* anathématisent et proscrivent? Voilà ce que des théologiens devraient expliquer! On a vu des comédiens enterrés *dans nos églises*, tandis que d'autres n'ont pu obtenir de places dans nos cimetières ; et l'on voit journellement nos comédiens entrer dans nos temples, participer même aux exercices de notre religion, en même temps qu'ils exercent leur profession ; donc ils ne sont pas *excommuniés dénoncés*, car en ce cas ils devraient être exclus de l'Église, et l'Église purifiée après leur expulsion ;

Les papes, les rois et tous les souverains de la chrétienté ayant institué des théâtres et des comédiens dans leurs États, pour le plaisir et l'instruction de leurs sujets, n'ont pas prétendu se *damner eux* et toutes leurs nations, par la fréquentation obligée qu'ils établiraient avec des *excommuniés* ;

Le clergé *usurpe* sur l'autorité séculière en blâmant, en punissant, en damnant ce qu'elle a créé et institué ;

Certaines processions et d'autres cérémonies religieuses, pratiquées par le clergé, sont infiniment plus obscènes, plus coupables, plus nuisibles à la majesté de notre sainte religion que l'exercice de la comédie;

Le clergé qui veut *anéantir* une profession que les princes et les lois ont instituée, prétexte la rigueur des anciens canons des conciles, et il oublie lui-même, en ce qui lui est propre et absolument obligatoire, ce que ces mêmes canons ont dicté et voulu; circonstance qui met l'auteur dans la nécessité de les lui rappeler;

La puissance séculière doit veiller avec d'autant plus de soins à ce que le clergé ne s'éloigne pas des devoirs qui lui sont imposés par la discipline ecclésiastique, que c'est l'oubli de ces mêmes lois, au dire de notre roi,

Henri III, qui a porté le clergé à faire ensanglanter son trône, et à bouleverser ses États; que l'expérience du passé doit toujours servir de leçon pour l'avenir;

Le prince étant le *protecteur né des canons des saints conciles*, ainsi que l'Église le reconnaît elle-même, doit surveiller tant par lui que par ses délégués l'exécution de ce qu'ils ordonnent, afin que la religion ne perde rien de son lustre et des dogmes de son institution, parce qu'il est utile que les ministres du culte donnent eux-mêmes l'exemple de cette conformité aux saints canons, afin d'y amener successivement les fidèles commis à leur instruction; les *procureurs du roi*, les *préfets*, les *sous-préfets* et les *maires* qui sont les délégués du prince, tant en ce qui concerne la justice que la police du royaume, doivent, avec tous les procédés convenables en pareils cas, faire sentir aux prêtres qu'ils ont sur eux une *suprématie d'action*, qui est assez forte pour les faire rentrer dans les lois de la discipline de l'Église, s'ils commettaient la faute de s'en écarter. Là moindre expression de cette surveillance démontrera au clergé que s'il indique aux citoyens des devoirs à remplir, le prince et ses délégués sont là pour l'obliger à remplir les siens, et qu'ainsi la *puissance séculière*, devenant la protectrice et la mère tutélaire de la religion, sait en même temps forcer les prêtres et les peuples à observer ses rites et ses dogmes.

DU MANDEMENT
DE MONSEIGNEUR
L'ARCHEVÊQUE DE ROUEN.

Depuis le rétablissement du culte catholique en France, et surtout depuis la restauration, le zèle des fidèles s'est tellement accru, qu'on les voit remplir les églises à l'heure des offices, et suivre les prédicateurs avec une attention et une piété vraiment exemplaires : le Clergé ne pouvait donc que s'applaudir de cette influence de la religion sur les citoyens, et pour perpétuer un état de choses aussi louable, il n'avait qu'à agir avec douceur, circonspection, et franchise;

Mais des intentions exagérées, mais des mandements et des lettres pastorales qui rappellent toutes les rigueurs des loix ecclésiastiques et qui imposent aux fidèles des obligations que l'Église, depuis nombre de siècles, avait cessé d'exiger, viennent réveiller l'attention du public et exciter ses craintes.

La nation qui trouvait dans son roi, et dans les princes de son auguste famille, l'exemple d'une piété salutaire, s'était fait un devoir de seconder, et les intentions du souverain et celles du Clergé; mais aujourd'hui elle est forcée d'éprouver de l'incertitude dans la marche qu'on veut lui faire suivre, et elle craint réellement les suites d'un système qui peut causer de grands troubles dans le royaume.

La Charte a consacré la religion catholique, apostolique et romaine, comme *religion de l'État*. Cette loi constitutionnelle a aussi rétabli l'ancienne noblesse, qui avait souffert pendant la révolution française dans sa propre personne et dans ses biens autant que le Clergé; la noblesse, toujours fidèle aux volontés de son roi, n'en a point dépassé les intentions et n'a point transgressé la loi commune. Elle a attendu pendant dix ans, dans le silence du respect, que la nation se prononçât sur ses pertes, et lui accordât quelques indemnités pour la somme de maux qu'elle avait supportés depuis trente-quatre ans.

Elle n'a point rappelé ses droits sur la féodalité, revendiqué ses seigneuries, ses terres, ses priviléges, ni exhumé le code renfermant les lois qui lui étaient propres et qui avaient trait à son ancienne existence : elle ne l'a pas fait, parce qu'elle a senti qu'étant *réhabilitée* par la Charte, elle ne devait pas aller au-delà de la *loi commune*; elle s'est soumise à l'esprit de cette loi;

parce qu'elle sait que le législateur a fait tout ce qu'il était en lui en la consacrant, et qu'aller au-delà, serait sortir du cercle tracé par sa volonté suprême, serait méconnaître la puissance séculière, et se constituer en opposition criminelle contre elle.

Or, il en est de même *de la religion*. Elle est dans la Charte. Elle n'existe que par la Charte, et elle ne peut aller au-delà des principes politiques, consacrés par la Charte; se tenir *intra*, voila sa position légale; se porter *extra*, c'est enfreindre la loi commune.

Ce que nous venons de dire est si vrai, que le législateur en déclarant la religion catholique *religion de l'État*, n'a pas plus fait à son égard qu'il n'a fait à l'égard de la noblesse; il n'a point rappelé les anciens privilèges, les anciennes immunités ecclésiastiques, il ne lui a point rendu ses tribunaux spéciaux (*les officialités*), ni ces droits considérables, qui plus d'une fois, mirent la monarchie en danger, pas plus qu'il n'a procédé à la réintégration des biens immenses qui faisaient du clergé le corps le plus dangereux et le plus riche de l'État.

L'esprit de la Charte est un esprit de tolérance universelle et de fraternité, tout à la fois politique et religieuse. La Charte a voulu la religion, mais elle n'a voulu que ce que la religion avait d'apostolique, de divin, de charitable et de conciliant ; elle n'a point mis les prêtres au-dessus des autres citoyens, elle les a rangés au contraire dans la *loi commune*, elle ne peut en conséquence leur permettre d'appliquer des *pénalités* aux autres citoyens, parce que le Clergé se trouverait, par ce fait, supérieur à la Charte, supérieur aux autres juges du royaume, qui ne peuvent, qui ne doivent qu'appliquer des peines dictées par nos codes, et bien exprimées pour chaque délit.

Il faut que le Gouvernement, que les hommes d'État ne s'y méprennent pas ; l'*excommunication* est une des *pénalités* les plus réelles, les plus terribles ; et si *le prince* permettait aux prêtres d'en faire l'application, selon les *catégories* qui en sont frappées par les lois ecclésiastiques, *il serait lui-même, ainsi que la majeure partie de ses sujets*, spontanément victime de sa condescendance pour le Clergé.

Voyez ci-dessus, à la page 154 de cet ouvrage, les diverses espèces d'*excommunications* que les prêtres voudraient fulminer contre les fidèles;

et aux pages 189 et 191, les conséquences funestes de ces sentences exterminatoires.

Il est donc très-opportun, très-convenable que la puissance séculière fasse sentir au Clergé, d'une manière forte et péremptoire, que si la Charte, dans l'esprit de sagesse et de religion qui en a guidé les principes, reconnaît le culte catholique, comme le culte dominant en France, c'est pour exister dans la propre conscription de la loi commune, et non pour la dépasser et aller au-delà.

S'il en était autrement, les prêtres seraient privilégiés, au-dessus même de la monarchie et du monarque ; car la Charte, en reconnaissant les principes monarchiques et l'existence immuable de *la légitimité* dans la personne du souverain, a spécifié et modifié les droits du prince, qui se trouve, en beaucoup de circonstances, soumis aux lois communes du royaume.

Ainsi, le roi respecte la volonté du législateur ; il s'est soumis, quant à ses droits, quant à son autorité, à une marche nouvelle, qui n'avait pas lieu avant l'ordre actuel des choses. Et pourquoi le Clergé prétendrait-il ne pas suivre l'exemple du monarque, même dans la nouvelle refonte de la monarchie? Pourquoi voudrait-il se mettre au-dessus du prince et des codes des lois qui forment la base de la constitution présente du royaume ?

On doit être d'autant plus attentif aux usurpations illégales du Clergé, qu'une fois le gouvernement les ayant tolérées à l'égard des citoyens, il se verrait bientôt attaqué lui-même, corps à corps, par ces mêmes ecclésiastiques, qui lui demanderaient *impérativement* la réintégration dans leurs biens, dans leurs droits, dans leurs priviléges, avec d'autant plus de force et d'action, qu'ils auraient commencé d'abord par soumettre tous les citoyens du royaume. La puissance séculière, livrée à elle seule, ne pourrait plus résister à l'autorité du clergé. Les prêtres ayant ainsi acquis sur l'esprit faible du peuple une influence marquée et décisive, alors *nos rois* se retrouveraient par la suite dans la triste position d'*Henri III*.

Qu'on se rappelle tous les troubles que le fanatisme a excités, toutes les révoltes qu'il a fomentées, toutes les conjurations où il a présidé, et tous les assassinats qu'il a fait exécuter sur la personne des rois et sur un si grand nombre de particuliers. Les citoyens une fois rangés pour ainsi dire sous la bannière de la puissance ecclésiastique, le prince, qui voudrait résister aux altières prétentions du clergé, serait traité d'hérétique, de rebelle, et sa vie serait à la merci des fanatiques. Tel serait le triste, l'odieux résultat d'une usurpation aussi criminelle qu'arrogante, si l'autorité séculière ne veillait pas avec le plus grand soin pour s'opposer aux envahissements de l'autorité spirituelle, dans les choses même qui paraissent les plus simples.

Le Clergé ne doit donc jamais agir en ce qui concerne *les pénalités qui auraient un effet civil*, sans l'attache, sans l'assentiment de l'autorité séculière; car, il faut en convenir, la France, en 1825, n'est pas la France du quatorzième et du quinzième siècle, et le prince étant le chef suprême de l'État, nulle autre autorité que la sienne ne peut infliger à ses sujets quelque peine que ce soit, surtout lorsque ces peines deviennent *infamantes*, et attirent sur ces mêmes citoyens *le mépris* et *la vindicte publique*, effets réels de l'excommunication.

Si la Charte, je le répète, *reconnaît la religion catholique comme religion de l'État*, c'est dans la ferme intention que cette religion concordera avec notre loi constitutive, et n'attentera en rien aux droits qu'elle consacre à l'égard de tous les citoyens. En effet, la religion catholique n'aurait aucune influence dans l'État, si le prince, qui a établi la loi constitutionnelle, ne lui avait assigné et conféré la prééminence sur les autres religions. C'est au prince, c'est à sa volonté, c'est à son autorité que cette religion est redevable de son existence. Les ministres de ce culte doivent donc s'attacher à ne jamais contrarier, ni offenser l'autorité qui les a constitués; ils doivent au contraire la consulter sans cesse, dans tout ce qui a rapport à des objets d'importance, surtout lorsqu'il s'agit d'infliger *des pénalités* qui pourraient avoir un effet civil.

Si monseigneur l'archevêque de Rouen avait eu pour le roi cette déférence qui doit germer et se développer dans le cœur de tout bon Français, et s'il eût pris l'avis du Gouvernement avec lequel il aurait dû se concerter sur le mandement qu'il a fulminé, certes, cet acte qui a réveillé tant de passions, tant de craintes et d'alarmes aurait subi de sages modifications; la société n'en aurait pas été ébranlée aujourd'hui, car le gouvernement, qui connaît à fond le génie, l'esprit et le moral des Français, aurait, il n'en faut pas douter, fourni à ce prélat les moyens d'arriver à son but, sans heurter l'esprit du siècle et causer de nouveaux troubles.

Le Clergé doit savoir d'ailleurs que l'institution d'un ministère des affaires ecclésiastiques est une voie que le Gouvernement a sans doute voulu ouvrir pour faire concorder les lois ou usages de l'Église avec les lois ou usages de la nation, et il me paraît tout naturel qu'il eût été du devoir de M. l'archevêque de Rouen, avant de lancer son acte fulminatoire, de prendre conseil du ministre qui est chargé de ce département, et je ne fais aucun doute que, dans le secret du cabinet, son excellence ne l'eût invité ou à modifier, ou à supprimer un pareil acte.

Cette conduite de l'archevêque de Rouen prouve, à l'évidence, que les prêtres mal conseillés ne veulent reconnaître et consulter aucune autre autorité que la leur, et qu'ils évitent avec le plus grand soin de faire aucune démarche qui tendrait à les ranger sous l'autorité du souverain légitime. Cependant, si on voulait réfléchir sur les funestes conséquences qui pourraient résulter de ce mandement, on se convaincrait aisément combien il est nécessaire que la puissance séculière soit au-dessus de la puissance ecclésiastique. C'est donc aux autorités qui existent dans l'État à ne jamais permettre au Clergé de se soustraire aux droits de la puissance établie par Dieu même, pour protéger et gouverner les peuples.

Les ministres sont aujourd'hui trop éclairés pour se laisser surprendre à la faveur de l'ignorance. L'imposture des siècles de barbarie est trop décriée pour qu'on puisse s'abuser au point de ne concevoir la religion que comme un instrument de gouvernement, qu'il n'appartiendrait qu'aux prêtres seulement de mettre en jeu, en leur accordant une entière indépendance de l'autorité séculière; ils s'exposeraient ainsi à toutes les chances périlleuses de l'intolérance.

Si une religion est intolérante, il est impossible d'empêcher les prêtres de ce culte de s'en faire un dogme, et mon intention n'est pas ici de contredire ce dogme; mais malheur à l'humanité si on l'arme de la puissance; c'est alors que l'intolérance, guidée par un zèle peu éclairé, et par un fanatisme cruel, renouvellerait bientôt toutes les atrocités inquisitoriales; elle rappellerait ces siècles malheureux où les peuples étaient en proie à des superstitions grossières et féroces.

Les innombrables guerres de religion, dont l'histoire inexorable nous a transmis les récits les plus authentiques, nous apprennent jusqu'où l'esprit de parti a ensanglanté les gouvernements dominés par le fanatisme. On y voit des prêtres audacieux animés par un esprit de domination et altérés d'une soif inextinguible des richesses et des honneurs de ce bas monde, se livrer à tous les vices et se permettre des crimes en tout genre, qu'ils ne considéraient que comme des moyens nécessaires et légitimes, pour assurer le succès de leurs projets ambitieux. Tout semblait leur être permis, et foulant à leurs pieds les divins préceptes de Jésus-Christ et la morale chrétienne et évangélique la plus pure, la mauvaise foi et le parjure ne leur coûtaient rien et ils commettaient, sans honte comme sans remords, de pieuses fraudes de pieuses

-calomnies, de pieux empoisonnements, de pieux assassinats, non-seulement juridiques mais même de guet-à-pens. et le tout pour la gloire de Dieu, pour l'intérêt de la religion, et en général *pour le plus grand bien de la fin spirituelle.* C'est de cet infernal principe qu'est née la *doctrine impie du régicide* que tant de prêtres et tant de moines prêchèrent avec audace et persévérance de vive voix et dans leurs livres imprimés, et que plus d'une fois ils mirent eux-mêmes en pratique.

Si malheureusement les hommes d'état auxquels le monarque accorde sa confiance, continuaient à se laisser asservir sous l'influence des prêtres et à subir le joug anarchique du Clergé, leur coupable condescendance nous reporterait inévitablement à ces temps de calamité, où des moines, des prêtres et des prélats, sollicitaient, et provoquaient des lois inexorables et sanguinaires, et non contents de donner le scandale de voter ces lois de sang, ils parvinrent à se constituer eux-mêmes juges de tous les délits en matière de foi, et à faire couler à grands flots le sang des victimes qu'ils immolaient à leurs implacables vengeances, et faisaient brûler vifs des schismatiques, des hérétiques, des Juifs, etc..... et trop souvent des hommes riches qu'ils faisaient périr pour s'emparer de leurs dépouilles.

Mais détournons les yeux de tant d'horreurs, qu'on ne pourra nous reprocher d'avoir exagérées, et qui d'ailleurs se reportent à des époques plus ou moins reculées. Nous n'avons signalé de pareils désordres, que dans l'intérêt de la dignité royale et de l'autorité ministérielle; celle-ci doit en effet s'affranchir de la servitude honteuse qui pèse visiblement sur elle, et revenons enfin au mandement sur lequel nous avons cru devoir publier quelques réflexions.

Pour apaiser la sévérité de M. l'archevêque de Rouen envers les fidèles que son mandement veut réprouver, en fulminant contre eux, et sans l'aveu du Gouvernement, une *pénalité* dont les effets deviendraient inévitablement civils, nous lui adresserons les propres paroles du garde des sceaux *de Montholon* (1) qui, au nom du roi

---

(1) *François* DE MONTHOLON, second du nom, est un exemple unique d'un fils qui a succédé à son père dans la même charge éminente de *garde des sceaux de France*. En effet, il était fils de *François de Montholon*, premier du nom, qui avait également été *garde des sceaux de France*, et dont la noble extraction remontait à *Jacques, seigneur de Montholon*. On trouve une fondation par lui faite en l'église cathédrale d'Autun, en l'année 1213, et

et des États-Généraux de Blois, tenus le 16 octobre 1588, dit au clergé : *Avant de chercher à réformer les autres, commencez par vous réformer vous-mêmes.*

Pour mettre le clergé sur la voie de se réformer lui-même, avant d'exiger des autres une réforme qu'il ne prêche pas d'exemple, nous renverrons MM. les évêques à la lecture des pages 344 à 355 du présent ouvrage, et en attendant nous transcrirons ici le IVme canon du concile de Carthage que les prélats de nos jours sont si éloignés de mettre en pratique.

« L'évêque doit avoir *son petit logis* près de l'église; ses meubles doivent être de *vil prix*, sa *table pauvre*. IL DOIT SOUTENIR SA DIGNITÉ, par sa foi et sa bonne vie. » (*Concile de Carthage, IVme canon année* 398.)

---

l'un de ses petits-fils, *Guillaume de Montholon*, fut créé cardinal en 1350.

Rien de plus clair, rien de plus précis, que la volonté de cette loi; elle est tout-à-fait dans l'esprit évangélique et apostolique.

Or, si les évêques prétendent faire valoir envers les fidèles les anciennes lois ecclésiastiques, *il serait indigne* pour me servir des propres expressions du *pape* Jules, à un évêque, ou à un prêtre, de refuser de suivre les règles canoniques de l'Église.

En conséquence, les fidèles qui se trouvent frappés par le mandement de M. l'archevêque de Rouen, sont bien en droit de lui rappeler les obligations qui lui sont imposées à lui-même, par les propres lois qu'il veut appliquer aux autres : ainsi le magnifique palais qu'il habite dans sa ville archi-épiscopale, ses hôtels somptueux à Paris, doivent se fermer, à la citation que nous lui faisons, et lorsqu'il sé sera décidé à descendre dans un PETIT LOGIS, près de l'église, à n'avoir que DES MEUBLES DE VIL PRIX, une TABLE PAUVRE, et qu'il soutiendra, *selon le canon du saint concile de Carthage*, SA DIGNITÉ, par sa foi, son abstinence et sa charité, alors il aura toute la raison imaginable de forcer les autres à suivre un code qui deviendrait alors obligatoire pour tous; mais avant tout, il doit, ainsi que les évêques, ses vénérables collègues, donner l'exemple et observer la loi pour l'appliquer aux autres fidèles. Les laquais, les cuisiniers, les carrosses, les tableaux, les glaces et tout ce qui est objet de luxe, doit disparaître d'un évêché, car tout cela est proscrit par la simplicité de notre religion, qui est la religion du pauvre et de l'humble.

Combien seraient grands les prélats qui de nos jours sauraient ainsi s'exécuter? Combien leur voix serait entendue de tous les fidèles! Ils seraient pour la religion de Jésus-Christ les apôtres les plus solides et les plus dignes d'admiration! Ils opèreraient des conversions sans nombre, parce qu'en fait de religion, l'exemple est le seul moyen d'agir avec certitude et succès.

TABLE
DES MATIÈRES

CONTENUES DANS CE VOLUME.

A.

ABJURATION de la profession de comédien, exigée par le clergé, page 75; ne peut avoir lieu à l'égard des *comédiens du troisième âge*, qui sont institués par la puissance séculière, pag. 127; c'est un *délit* que commet le clergé de l'exiger, et les procureurs du Roi doivent en connaître, pag. 132, 134.

AIX, en Provence (procession d'), remplie d'obscénités et de scandales, pag. 203; les jésuites donnent un *ballet* à l'archevêque, pag. 243;

AMIENS, fête des fous, danses dans l'église, pag. 321.

ANE (procession de l'), à Vérone, pag. 275, à Sens, pag. 292; à Autun, pag. 312.

ARCHEVÊQUES OU ÉVÊQUES des *fous*, élus chaque année dans nos cathédrales, pag. 280.

ARNOUX DE ST.-JEAN BAPTISTE, carme déchaussé d'Orléans, faisait signer aux femmes des contrats de mariage avec Jésus-Christ, pag. 327.

Autun, fête des fous, de l'âne et des sous-diacres, pag. 312.

B.

Ballet donné par les jésuites à l'archevêque d'Aix, pag. 243; un autre donné à Paris par les mêmes, dans lequel figuraient Vénus, Cupidon, et tous les autres dieux de la mythologie, pag. 244.

Basoche (clercs de la), pag. 106.

Beauchateau, comédien, sa piété et sa bienfaisance, pag. 365.

Beauvais (procession de), pag. 266, 293, et 312.

Besançon, fête des fous, scandaleuse, et profanation de l'église, pag. 318.

Boudins et saucisses, mangés par les diacres et les sous-diacres, sur les *autels*, pendant certaines orgies, pag. 282, 316.

Bouteille, chanoine d'Évreux, fait une fondation singulière, pag. 262.

C.

Cardinaux, princes de l'Église apostolique

et romaine, sont les premiers *protecteurs* des *comédiens*, pag. 164.

CHALONS-SUR-SAONE (procession de la danse des chanoines à), pag. 256; autre cérémonie scandaleuse dans la cathédrale, pag. 288.

CHAUMONT, en Bassigny (la diablerie de), pag. 322.

CLÉMENT (Jacques), prêtre et dominicain, assassine le roi de France Henri III à l'instigation des jésuites et du clergé de France révolté, pag. 333.

CLERGÉ, seconde l'institution des *comédiens* en France, pag. 88; fournit la chapelle de la sainte trinité, pour y faire jouer la *comédie*, pag. 91; paye les *comédiens* représentant les mystères, pag. 93; tolère que les farceurs représentent la *Sainte Église*, et le *pape* la tiare en tête, dans la comédie de *Mère-Sotte*, pag. 99; remplit lui-même, dans les églises, des rôles d'acteurs et de comédiens, pag. 128; fait un abus de pouvoir, et commet un *délit* en blâmant et punissant l'exercice d'une profession instituée et protégée par les lois civiles et les diplômes de nos rois, pag. 131; les *procu-*

reurs du roi doivent poursuivre ce *délit*, qui consiste dans la demande de *l'abjuration*, et dans le *refus de sépulture*, pag. 134 et suiv., et 282 ; le clergé emploie *deux poids et deux mesures* dans sa conduite envers les *comédiens*; cette divergence tourne contre lui, par les preuves singulières qu'on en fournit, pag. 159 ; les *cardinaux*, princes de l'Église, sont les protecteurs de nos *premiers comédiens*, pag. 164 ; l'abbé *Perrin* est lui-même *directeur de l'opéra* de Paris, pag. 167 ; les *papes*, chefs de l'Église, instituent des théâtres de leurs propres deniers, et les organisent, pag. 168 ; les *cordeliers*, les *capucins*, les *augustins*, tous prêtres de l'Église romaine, présentent des placets aux *comédiens*, pour en obtenir des *aumônes*, et ils promettent de *prier Dieu* pour le succès de leur troupe, qu'ils ont la politesse de nommer *chère compagnie*, pag. 175 ; les comédiens n'étant pas *excommuniés dénoncés* ne sont point soumis aux anathèmes de l'Église, et les prêtres qui les leur appliqueraient devraient être, selon les lois ecclésiastiques, suspendus de leurs fonctions, pag. 182 ;

processions, messes et autres cérémonies religieuses, pratiquées par le clergé, qui sont remplies d'obscénités et de scandales, et bien plus nuisibles à la religion que les *comédies*, pag. 201 ; élection des *archevêques* et *évêques* des *fous*, dans les *orgies* des diacres et sous-diacres, pag. 280 ; le clergé en habits de mascarade et de théâtre, pag. *id. Boudins et saucisses*, mangés sur les *autels*, pendant ces *orgies*, les encensoirs profanés, par de *vieilles savattes* que le clergé y brûle, au lieu de parfum, pag. 282 ; les diacres et sous-diacres jouaient aux *dés* et aux *cartes* sur les *autels*, pag. *id.* Ils se promenaient dans des tombereaux remplis *d'ordures*, et en jettaient au peuple, p. *id.* Les *vicaires*, à Dijon, courent avec des *fifres* et des *tambours* dans les rues, p. 289 ; dans la cathédrale de Viviers, le jour de la fête des Sts. Innocents, le clergé introduisait des gens *masqués* et *déguisés*, qui chantaient des chansons impies, et dansaient dans la nef et le chœur de l'église, pag. 316 ; les chanoines et le clergé d'Autun conduisent un âne en procession, pag. 312 ; les *prêtres*, les diacres et sous-diacres d'*Amiens* dansent et font des orgies dans l'église, pag. 321 ; les *évêques*, ducs de Langres, et *pairs ecclésiastiques*, reçoivent des brevets de la société de la *Mère-Folle* de Dijon, qui sont dignes des *Ribauds* les plus caractérisés, pag. 323.

Les prêtres qui commettent des délits et des crimes sont sujets à la *loi commune*, et il n'y a aucune exception en leur faveur, pag. 337 et 360 ; les évêques et les prêtres manquent eux-mêmes à la discipline qui leur est imposée par les lois de l'Église, pag. 344 et suiv. ; ils ne doivent avoir avec eux *aucune*, mais *aucune femme*, ni *servante*, pag. 347, 348 et 350 ; on en donne la raison plausible, pag. 351 et 352 ; les prêtres qui faussent leurs serments envers les souverains et qui attentent à leurs vies sont anathématisés par les conciles, pag. 331 ; Henri III reproche au clergé de France de l'avoir fait assassiner, pag. 333 et suiv. Dénombrement du clergé, pag. 346.

Comédie (de la), chez les anciens, pag. 34 et 59.

Comédiens, chez les Grecs et les Romains, pag. 1 ; en France, pag. 63 ; prennent leur origine dans les *confrères de la Passion* de

N. S. J. C., société de *pèlerins* qui s'était réunie pour jouer les saints mystères, pag. 85; obtiennent en 1402 des lettres-patentes de Charles VI, pag. 90; et de François 1er. en 1518, pag. 94; sont obligés par arrêt du parlement de Paris, de 1548, de ne plus établir leurs *comédies* que sur des sujets profanes, pag. 101; succèdent entièrement aux confrères de la Passion, pag. 103; obtiennent des priviléges, p. 107; leurs pièces soumises aux *procureurs du roi*, pag. 108; ils sont admis au Louvre et protégés du roi Louis XIV, pag. 112; la législation change en leur faveur, pag. 114; jouissaient à l'exclusion des autres classes du *privilége* de conserver leur *noblesse*, pag. 116; leurs droits comme citoyens dans l'état, pag. 125; leur profession étant instituée et protégée par les lois civiles et les diplômes du prince, ils n'en sont plus comptables au clergé, pag. 131; *l'abjuration* que le clergé exige de leur profession, ainsi que le *refus de sépulture*, qu'il leur fait à leur décès, sont des *délits* que les procureurs du Roi doivent poursuivre devant les tribunaux, pag. 134 et 282; ils font *l'aumône* aux *cordeliers*, aux ca-

pucins, aux *augustins*, qui la leur demandent par *placet*, et qui promettent de prier *Dieu* pour leur *chère compagnie*, pag. 175; les comédiens n'étant pas *excommuniés dénoncés*, le clergé ne peut leur faire l'application des anathèmes, pag. 182; *saints* et *saintes* honorés par l'Église romaine, et qui ont été *comédiens*, pag. 193; piété et bienfaisance de Beauchateau comédien, pag. 365.

CONCILES d'Elvire et d'Arles qui excommunient les histrions, pantomimes, gens de cirque, farceurs et bateleurs, pag. 66, 127.

CONFRÈRES DE LA PASSION, comédiens du troisième âge, voyez *pèlerins*.

CONTRAT DE MARIAGE, bizarre et singulier, qu'un carme déchaussé d'Orléans faisait signer aux femmes, pag. 327.

CORNARDS; la fête des cornards est réunie à celle de l'âne, qui se pratiquait dans les églises cathédrales, pag. 291.

COURS PLÉNIÈRES de nos rois, pag. 71.

CRIMES du clergé, et assassinat d'Henri III et d'Henri IV, pag. 333.

D.

Danses pratiquées par les prêtres et les chanoines dans les diverses cathédrales de France, et infiniment plus scandaleuses que celles qui se pratiquent sur nos théâtres, pag. 282, 283, 285, 309, 316 et 321.

Dénombrement du clergé, pag. 346.

Diacres, s'abandonnent à la débauche et aux excès du vin, dans la fête des fous, célébrée dans plusieurs cathédrales de France, pag. 279 et suiv.

Dieppe (procession et messes de), pag. 245.

Dijon, fête des fous, pag. 289; association de la *Mère-Folle*, brevet singulier délivré à l'évêque de Langres, pag. 323.

Disciplinants à Madrid et à Séville, leurs processions flagellantes et libidineuses, pag. 269.

Discipline ecclésiastique, négligée par les prêtres et les évêques, on les y rappelle en leur citant les divers canons qui leur sont personnels, pag. 344 et suiv. Dans les états de Blois tenus en 1588, le roi Henri III fait signifier au clergé qu'il ait à rentrer dans la discipline qui lui est propre, pag. 332.

E.

ENCENSOIRS de nos églises, profanés par les diacres et les sous-diacres qui y brûlaient de vieilles savates, pendant certaines orgies, pag. 282.

ESPAGNE, processions scandaleuses, pag. 269 et 274.

ÉTATS DE BLOIS tenus en 1588 et dans lesquels la nation et le roi Henri III font signifier au clergé de rentrer dans la discipline imposée par les lois ecclésiastiques, pag. 332.

ÉVÊQUES OU ARCHEVÊQUES des *fous*, élus chaque année dans nos cathédrales, pag. 280.

ÉVÊQUES, discipline qu'ils doivent observer et qu'ils laissent dans l'oubli, pag. 344 et suiv., pag. 355.

ÉVREUX (la procession noire du chapitre d'), pag. 257; fondation du chanoine Bouteille, pag. 262.

EXCOMMUNICATION prononcée par les conciles d'Elvire et d'Arles, contre les gens de cirque et de théâtre, les pantomimes, farceurs, histrions et bateleurs, pag. 66; ne peut plus être appliquée aux *comédiens du troisième âge*, pag. 131 et suiv.; ils ne sont pas *excommuniés dénoncés*, pag. 182.

EXCOMMUNICATIONS contre les fidèles qui enfreignent les canons des saints conciles; diverses catégories, pag. 154.

F.

FEMMES; aucunes *femmes*, ni *servantes* ne doivent habiter dans les *presbytères*, avec les prêtres ou curés, pag. 347, 348 et 350; on en donne la raison *plausible*, pag. 351 et 352.

FÊTE DES FOUS dans plusieurs cathédrales de France, pag. 279 et suiv.; 289.

FIERTE (procession de la), à Rouen, pag. 264.

Fous (fête des) dans plusieurs cathédrales de France, pag. 279, 289 et suiv.

G.

GARGOUILLE à Rouen (procession de), pag. 264.

H.

Henri III assassiné par le clergé de France, pag. 333.

Histrions, gens de cirque, pantomimes, bateleurs et farceurs, pag. 65; excommuniés par les conciles d'Elvire et d'Arles, pag. 66; proscrits par la législation de Charlemagne, pag. 69 et 75.

J.

Jésuites, pag. 162; leur procession scandaleuse de Mâcon, pag. 236; celle de Luxembourg dans laquelle ils introduisent toutes les divinités du paganisme, pag. 242; ils aiment la *danse* et donnent un *ballet* à l'archevêque d'Aix, pag. 243; ils donnent un autre *ballet* à Paris, pag. 244; leurs maximes horribles et subversives de toute puissance temporelle, pag. 335 et suiv.

Jongleurs, espèce de comédiens, pag. 77, 81.

L.

Langres, les évêques de Langres donnent des statuts à la société connue sous le nom de *Mère-Folle* à Dijon, et en reçoivent des *brevets* qui sont dignes des *Ribauds* les plus caractérisés, 323.

Ligue (procession de la), pag. 267.

Lisieux, cavalcade du clergé le jour de la Saint-Barnabé, pag. 321.

Lulli, pag. 113 et 123.

Luxembourg; les jésuites y font une procession scandaleuse, dans laquelle ils introduisent toutes les divinités du paganisme, pag. 242.

M.

Macon, procession bizarre et scandaleuse faite par les *jésuites*, pag. 236.

Madrid (procession de), pag. 274.

Maires des communes doivent surveiller la conduite des ecclésiastiques de leur canton, pag. 339.

Mère-folle, à Dijon (association de la), brevet singulier délivré à l'évêque de Langres, pag. 323.

Mère-sotte, à Paris, association de comédiens et personnages de théâtres, pag. 99.

Molière, pag. 112 et 161.

Moralités, sortes de pièces de comédies, pag. 92 et 106.

O.

ORLÉANS (procession d'), pag. 266. Contrats de mariage qu'un *carme déchaussé* faisait signer aux femmes, pag. 327; supercherie des *cordeliers* de cette ville, pag. 332.

OSSAT (cardinal d'), son discours sur la miséricorde, pag. 148.

P.

PAPES, chefs de l'Église, instituent des *théatres* de leurs propres deniers, et organisent les comédiens, pag. 168 et suiv.

PAPES DES FOUS, élus dans certaines cathédrales, pag. 281.

PÉLERINS, revenant de la Palestine, se constituent *en confrérie de la Passion de N. S. J. C.*, représentent les mystères et y joignent la *farce au bout*, ils sont l'origine des *comédiens du troisième âge*, pag. 85. Obtiennent des lettres patentes de Charles VI, pag. 90, et de François 1ᵉʳ en 1518, pag. 90; s'associent avec le *prince* des *sots*, chef de *farceurs*, pag. 97; se retirent à l'hôtel de Bourgogne et sont obligés par arrêt du parlement de Paris de 1548 de cesser la représentation des mystères, et de ne plus établir leurs *comédies* que sur des sujets profanes, pag. 101, ils cèdent leurs priviléges, pag. 103.

Plaisintins et conteurs, espèce de comédiens, pag. 73.

Poètes qui ont excellé dans la comédie chez les anciens, pag. 38.

Prince des sots et ses sujets, sorte de farceurs, associés aux confrères de la Passion, pag. 97.

Processions, messes et autres cérémonies religieuses pratiquées par le clergé, et dans lesquelles il commet des obscénités et des scandales qui sont bien plus nuisibles à la religion, que les représentations des *comédies*, pag. 201 et suivantes.

Procession d'*Aix* en Provence, pag. 201.

Procession des jésuites à *Mâcon*, pag. 237; et des mêmes à *Luxembourg*, pag. 242.

Procession de Dieppe, pag. 245.

Procession de la danse des chanoines à *Chalons-sur-Saône*, pag. 256.

Procession du chapitre d'*Évreux*, pag. 257.

Procession de gargouille ou de la fierté à Rouen, pag. 264.

Procession d'Orléans et de Beauvais, pag. 266.

Procession de la *ligue*, pag. 267.

Procession de *Nivelle*, en Brabant, pag. 268.

Procession des *disciplinants* en Espagne, pag. 269.

Procession de la Fête-Dieu à *Madrid*, pag. 274.

Procession de la Fête-Dieu à *Milan*, pag. 274.

Procession de *l'âne*, à Vérone, pag. 275.

Procession du *rosaire à Venise*, pag. 276.

Procureurs du roi, furent chargés de la censure de nos premières comédies, pag. 108; ils doivent connaître du *délit* que le clergé commet en demandant *l'abjuration* de la profession de *comédien*, instituée par nos lois civiles et par les diplômes du prince et en faisant le *refus de sépulture*, pag. 134, 138 et 143 ; les comédiens n'étant point *excommuniés dénoncés* ne sont pas passibles des anathèmes, pag. 182 ; ils doivent surveiller la conduite des ecclésiastiques de leur arrondissement, pag. 339.

Puissance séculière, c'est la puissance du

prince, elle est établie par *Dieu* même, et tous les fidèles doivent s'y soumettre, pag. 358 ; le prince, comme *protecteur* des saints canons de l'Église, a une surveillance et une autorité spéciale sur les prêtres, pag. 358, 357, 359 et 360 ; elle a la suprématie sur la puissance ecclésiastique, et les conciles anathématisent les prêtres qui faussent leurs serments envers les souverains et qui attentent à leur vie, pag. 331.

R.

REIMS ; fête scandaleuse qu'on pratiquait dans la cathédrale, pag. 285.

RICHELIEU (le cardinal de) protége nos premiers *comédiens*, pag. 164.

ROUEN, procession de *Gargouille* et de la *Fierte*, pag. 264 ; fête des fous et de l'âne, pag. 313.

S.

SAINTS et SAINTES, honorés par l'Église romaine, qui ont exercé la profession de comédiens, pag. 193.

SAUCISSES et BOUDINS mangés par les *diacres*

et *sous-diacres*, sur les *autels*, dans les *églises*, pendant certaines *orgies*, pag. 282.

SAVATES (vieilles) brûlées dans les encensoirs par les diacres et les sous-diacres pendant leurs orgies, pag. 282.

SENS, fête des fous et de l'âne, pag. 289.

SÉPULTURE (refus de) fait par le clergé aux comédiens, pag. 75; est un *délit* à l'égard des comédiens du troisième âge, qui sont institués par les lois civiles, et les diplômes de nos rois, les *procureurs du roi* doivent en connaître, pag. 134, 135 et 182.

SERVANTE; aucune *servante* ou *femme* ne peut habiter dans un presbytère, avec les prêtres ou curés, pag. 347, 348 et 350; on en donne les raisons plausibles, pag. 351, 352.

T.

TARBÉ (M.), littérateur distingué à Sens, pag. 289.

TRAGÉDIE (de la) chez les anciens, pag. 35 et 45.

TROUBADOURS, pag. 77 et 83.

V.

VENISE, procession plaisante du rosaire,
VÉRONE, procession de l'âne, pag. 275.
VIVIERS, fête scandaleuse, pag. 315.

PARIS, IMPRIMERIE DE GAULTIER-LAGUIONIE,
HÔTEL DES FERMES.

www.ingramcontent.com/pod-product-compliance
Lightning Source LLC
Chambersburg PA
CBHW052234220526
45471CB00001B/34